AF362421

HISTOIRE

DE

LA GRAPHOLOGIE

PAR

ÉMILIE DE VARS

Auteur de la *Joueuse*, des *Mémoires d'une institutrice*,
des *Roquevair*, de *Geneviève de Paris*, des *Enfants de Clovis*,
de *Radégonde*, du *Roman de ma portière*,
de la *Lettre à Louis Veuillot sur les parfums de Rome*,
des *Ultrà-Catholiques*, des *Amours d'une cosaque*, etc.
Collaboratrice du rédacteur du Journal de *la Graphologie*.

PRÉCÉDÉE

D'UN ABRÉGÉ DU SYSTÈME DE GRAPHOLOGIE

TROISIÈME ÉDITION

CORRIGÉE ET AUGMENTÉE, AVEC UNE PRÉFACE PAR J.-H. MICHON

Prix : franco par la poste, 1 fr. 60

PARIS

AU BUREAU DU JOURNAL DE *LA GRAPHOLOGIE*

5, rue de Martignac
(faubourg Saint-Germain, derrière Sainte-Clotilde)

1879

Système de Graphologie, par Jean-Hippolyte Michon, contenant le système complet de la graphologie, la graphologie philosophique, l'anatomie graphique, la physiologie graphique, la classification des familles des signes graphiques. — 5e édition, 1 vol. in-18 jésus. Prix : 3 francs, *franco*, par la poste.

Méthode pratique de graphologie, par le même, pour faire suite au *Système de graphologie.* — 1 volume in-18 jésus. Prix : 3 francs, *franco*, par la poste.

Histoire de la Graphologie, par Émilie de Vars, nouvelle édition refondue et augmentée, précédée d'un *Abrégé du Système de Graphologie.* — 1 volume in-18 jésus. Prix : 1 fr. 50, *franco*, par la poste (en timbres-poste, si l'on veut).

Histoire de Napoléon Ier **d'après son écriture,** par J.-H. Michon, 1 vol. in-18 jésus. Prix : 3 francs, *franco* par la poste.

Cette curieuse publication est la première application du procédé graphologique à l'histoire.

Écrire à M. Michon, au bureau de *la Graphologie*, 5, rue de Martignac, faubourg Saint-Germain, Paris.

Ces volumes se trouvent aussi à la *Librairie moderne*, 17, boulevard Montmartre.

Histoire de l'écriture, in-4°, reliure de luxe, par le même (sous presse). Prix : 16 francs.

Dictionnaire des Notabilités de la France jugées sur leur écriture, par le même. Format du grand dictionnaire Larousse.

Souscription : 50 c. la livraison. L'ouvrage aura de 120 à 130 liv.
Souscription par vol. : 2 volumes à 20 francs le volume.

Tout abonné au **Journal de la Graphologie,** 5, rue de Martignac, Paris (Europe, 10 francs par an), reçoit en *prime* son portrait intellectuel et moral, fait d'après son écriture *non appliquée*, mais habituelle et courante. Écrire à M. Michon, 5, rue de Martignac.

PRÉFACE.

Émilie de Vars, enlevée récemment à ma vieille amitié et à la science graphologique, qu'elle avait aidé puissamment à fonder, pouvait, mieux que nul autre, raconter l'histoire de la découverte de cette science. Elle l'avait vue dans son embryon. L'ayant accueillie d'abord avec une certaine incrédulité, elle avait fini par en comprendre toute la valeur, et par se dévouer à sa vulgarisation, bien convaincue qu'il y avait là une vérité sérieuse et surtout féconde dans ses résultats pratiques.

Sa conversion à la Graphologie s'était faite peu à peu, en expérimentant elle-même. Une de ses remarques les plus intéressantes sur l'écriture des prêtres, l'avait amenée à découvrir un signe graphique que je n'avais moi-même nullement soupçonné. Elle avait remarqué que l'écriture des prêtres, dans la grande généralité, se compose de lettres tour à tour inclinées et redressées dans les mêmes lignes et fréquemment dans les mêmes mots. Partant de la loi graphologique que l'inclinaison des lettres dit le mouvement affectif, sensible, impressionnable, passionnel, et que le redressement des lettres dit effort de la volonté pour que la tête mène le cœur, et pour que les déterminations à prendre ne soient pas toujours sous la direction de la force passionnelle, elle était arrivée à cette conclusion logique, que *les écritures à lettres tour à tour inclinées et relevées rendaient les*

*natures impressionnables, passionnelles, mais voulant
se retenir, mettant un frein au mouvement trop affectif, et travaillant d'instinct à rendre la raison calme et
froide maîtresse des emportements du cœur.*

Elle vérifia ses observations sur un nombre considérable d'écritures de prêtres, comme aussi de personnes
du monde travaillant à ne pas se laisser dominer trop
par l'impressionnabilité, et elle formula la loi qu'elle
avait découverte. Je n'eus qu'à m'incliner devant la
vérité et la précision du signe graphique trouvé par elle.
Scientifiquement, il est incontestable, vrai psychologi-
quement par l'effort de la volonté pour dominer la force
passionnelle, vrai physiologiquement par le mouvement
instinctif de la main qui porte la plume à se redresser
pour ne pas céder à la faiblesse qui fait incliner les
lettres.

Une autre loi graphologique de la même importance
a été découverte par Émilie de Vars. Elle connaissait
beaucoup de natures profondément jalouses; et, dans son
entourage le plus intime, elle avait eu à souffrir de
cette triste passion qui s'appelle la jalousie. Elle se mit
à étudier l'écriture des jaloux, et elle finit par remar-
quer en eux deux choses : leur nature profondément
passionnelle et leur caractère plus ou moins pénétré
d'égoïsme. Passionnels, ils aiment vivement, ardem-
ment; égoïstes, ils aiment exclusivement pour eux. De
là à conclure à la jalousie, il n'y avait qu'une déduction
à tirer. Le signe graphique était complexe et donnait
une résultante.

Cette belle théorie des résultantes, que j'avais expli-

quée à Émilie de Vars et qu'elle déclarait devoir amener
la graphologie aux points de vue les plus merveilleux, lui
avait servi à créer ce signe graphique de la jalousie
ainsi formulé :

Écriture penchée, passion ardente. } *Résultante*
Lettres à crochets rentrants, égoïsme. } Jalousie.

Il n'y avait plus qu'à déterminer l'intensité ou la faiblesse de deux signes graphiques déjà connus de la passion et de l'égoïsme, pour indiquer le degré de force de la
jalousie, ou *peu marquée*, ou *de développement assez
prononcé*, ou *arrivant aux excès passionnels*, comme
toute force dans l'âme à laquelle on ne met pas de
frein.

L'esprit observateur d'Émilie de Vars lui avait fait
découvrir un troisième signe graphique d'une importance
capitale, qui se formule ainsi :

« Le menteur a pour instinct de cacher. Quand il
écrit, au lieu du signe de la grande ouverture, de l'épa-
nouissement en quelque sorte de l'âme qui ne sait rien
dissimuler de sa pensée, signe qui consiste à faire des
lettres non fermées par le haut, telles que les *o*, les *a*,
les *g*, les *p*, le menteur ferme tant qu'il peut le haut de
ses lettres, il les boucle, les tortillonne par instinct, tandis que les *o* de ceux qui disent tout ce qu'ils pensent
sont ouverts en haut comme des *v* arrondis par le bas ;
les *g* et les *q* sont des *y*. » C'est encore là une belle
découverte graphique dont l'expérimentation nous a
démontré la valeur.

Lors même que, dans sa vie de graphologiste, Émilie
de Vars n'eût fait que découvrir ces lois rendant des

états très-intéressants de l'âme humaine, elle eût bien mérité de la science; et son nom sera l'un des premiers inscrits parmi les créateurs de la science nouvelle.

Elle avait tellement saisi les lois du graphisme que, fréquemment, dans notre salon, lorsqu'elle recevait des visiteurs intelligents qui parlaient de tels ou tels de leurs amis dont le caractère était très-marqué, avant d'avoir vu l'écriture de ces natures si tranchées, elle disait avec une admirable sûreté de coup d'œil : « Je vais vous montrer comment écrit cette personne; » et prenant un crayon, sur le premier chiffon de papier venu, elle traçait, sous les yeux du visiteur ébahi, les traits dominants de l'écriture des personnages dont on venait de lui décrire le caractère.

Elle était en cela plus hardie que moi, qui, dans une grande réserve, redoute toujours de donner quelque chose à la conjecture.

Elle était devenue très-forte pour juger les natures timides sur les hésitations de leur graphisme. Un jour mon ami, le marquis de S., vint me demander son portrait graphologique : « Mais, me dit-il, vous me connaissez trop; faites le faire par quelqu'un de vos disciples. » Il avait apporté de nombreux échantillons de son écriture. Émilie de Vars fit le travail, et l'envoya à l'adresse du personnage. Quinze jours se passent, notre homme, qui habite près de Paris, ne donne pas signe de vie. Il arrive enfin, entre au salon, cause beaucoup de politique avec nous deux, et reste muet comme une carpe sur l'affaire capitale dont j'étais plus préoccupé que mon amie elle-même, le portrait graphologique

envoyé. L'original allait sortir, quand, se ravisant :
« A propos, Mademoiselle, j'ai mille remerciements à
vous faire sur le travail que vous avez bien voulu
m'adresser. Il est d'une justesse absolue. C'est fait de
main de maître. Vous avez même découvert une de
mes faiblesses de caractère que je n'ai jamais avouée à
personne, que mon père, ma mère, ma femme n'ont
jamais soupçonnée : je suis timide, très-timide. Je dis-
simule cela tant que je peux. Mais je ne vous ai point
échappé. Vous m'avez deviné. C'est merveilleux. »

J'ai fait quelques coupures au récit du texte très-in-
téressant du premier historien de la Graphologie. Elle
avait donné des détails qui ont paru un peu longs sur
mon démêlé avec un homme de lettres que j'avais eu la
maladresse de me donner pour collaborateur dans la
publication de mon premier livre sur la Graphologie.
Tout cela a maintenant beaucoup vieilli. Le bonhomme
alors, et il y a neuf à dix ans, était plus que septuagé-
naire. Il y a pitié à troubler sa cendre avant qu'il aille
à sa dernière demeure. J'ai pensé qu'il fallait abréger
le récit, par convenance pour nous-même, après les
éclatants succès de la Graphologie, et ne plus tomber sur
un octogénaire que son écriture me montrait déjà, dès
cette époque, quelque peu en route vers le ramollisse-
ment cérébral.

J'ai conservé avec scrupule les idées, les impressions de ma savante collaboratrice, tout en mettant un
peu plus d'ordre dans le récit, en y ajoutant quelques
faits qui manquaient aux premières éditions et qui
seront intéressants pour nos lecteurs.

Elle était si modeste qu'elle n'avait consenti à insérer l'*Abrégé du Système de Graphologie* dans son livre qu'à la condition de bien établir que même cet abrégé n'était pas son œuvre, tant elle voulait faire rejaillir toujours sur celui qu'elle appelait « son cher maître, » la gloire que le maître était si heureux de partager avec elle,

Je n'ai pas ici l'espace de m'étendre plus longuement sur cette chère et sainte mémoire. Je lui consacrerai avant peu quelques pages dans un livre où je ferai revivre, telle que l'ont vue ses nombreux amis, celle de nos femmes de lettres qui a le plus honoré le XIX• siècle par une grande pureté d'âme et une grande noblesse de caractère. Les membres les plus éminents de la Société de Graphologie, qui ont pu la connaître, veulent aussi qu'un monument public, dû à la main d'un artiste de valeur (1), soit élevé dans son pays à celle qui a partagé, avec le fondateur de la Graphologie, les premiers et rudes labeurs attachés toujours à une œuvre nouvelle, pour qu'on sache bien que, dans la science, l'on n'est point oublieux des grands dévouements, ni indifférent aux sacrifices que, durant une longue existence, des âmes fortes se sont imposés.

J.-H. MICHON.

(1) Le sculpteur qui a bien voulu se charger de ce travail, M. Henri Cros, dont les œuvres ont été remarquées aux diverses expositions, a eu l'idée poétique de représenter Émilie de Vars dans l'attitude allégorique de la Graphologie tenant dans ses mains un autographe et sous ses pieds le masque qu'elle a enlevé, et qui jusqu'à ce jour avait caché l'être intime à tous les regards.

ABRÉGÉ

DU

SYSTÈME DE GRAPHOLOGIE

Nous sommes obligé de renvoyer au volume du *Système de Graphologie*, pour le long travail de l'anatomie et de la physiologie graphiques, deux études préliminaires pleines d'intérêt. Ici nous donnons simplement une notion de la graphologie, en indiquant les traits les plus généraux et les plus marqués que renferment les écritures.

Cette notion suffira pour bien faire comprendre le système et donner l'idée de l'étudier mieux dans le livre qui en est la grammaire.

L'écriture rend : I. Les facultés; II. Les instincts; III. La nature; IV. Le caractère; V. L'esprit; VI. Les aptitudes; VII. Les goûts; VIII. Les passions, et, par voie de résultantes, les forces et les faiblesses de l'âme.

I. — LES FACULTÉS.

LES FACULTÉS sont les manifestations de l'âme, ce qui constitue l'essence psychique de l'homme.

1° **MANIFESTATIONS INTELLECTUELLES :** L'âme produit des idées et déduit des idées d'autres idées.

Il y a cinq grands groupes intellectuels.

Premier groupe : LES INTUITIFS PURS. — Faculté de conception, de création. — Les penseurs, les théoriciens, les systématiques, les rêveurs, les utopistes, les producteurs appartiennent à ce groupe. Signe graphique dominant : *Lettres non liées dans les mêmes mots.* Ex. Chateaubriand.

Second groupe : LES INTUITIFS UN PEU DÉDUCTIFS. — Même faculté que la précédente, mais un peu mélangée de déductivité, de logique. Signe graphique dominant : *Lettres non liées, parmi lesquelles se trouvent quelques lettres liées.* Ex. J.-J.-A. Ampère.

Troisième groupe : LES ÉQUILIBRÉS. — Cerveaux à la fois intuitifs et déductifs, idéalistes et logiciens, penseurs et raisonneurs. C'est l'écriture des esprits encyclopédiques, aptes à se livrer à beaucoup des connaissances humaines. Signe graphique dominant : *A peu près autant de lettres liées que de lettres non liées.* Ex.

Quatrième groupe : LES DÉDUCTIFS UN PEU INTUITIFS. — Ce sont des cerveaux logiciens, raisonneurs, mais qui ne sont pas étrangers à l'idéalisme. Signe graphique dominant : *Lettres liées entre elles, avec mélange de lettres non liées.* Ex. Jules Simon.

Cinquième groupe : LES DÉDUCTIFS PURS. — Faculté de comparaison, de liaison d'idées, d'assimilation. — Les logiciens, les raisonneurs, les positifs, les pratiques ont cette écriture. Signe graphique dominant : *Toutes les lettres liées entre elles.* Ex. Mazarin.

Ces cinq groupes donnent l'organisation cérébrale.

2° MANIFESTATIONS AFFECTIVES : L'âme s'impressionne : elle aime ou hait ; elle se passionne. C'est le développement de la force affective, la faculté de sentir.

Premier groupe : SENSIBILITÉ FAIBLE. — C'est l'écriture qui donne la moins forte production de sensibilité. C'est la sensibilité simplement indiquée. Le cœur subit généralement les influences de la raison. Signe graphique dominant : *Inclinaison de l'écriture très-légèrement marquée.* Ex. Thiers. Voyez le cliché, page 23.

Second groupe : SENSIBILITÉ VRAIE, SÉRIEUSE, NETTEMENT DÉVELOPPÉE. — C'est l'écriture de toutes les âmes dans lesquelles la force affective est puissante, mais sans les excès de la sensibilité non contenue. La raison peut prendre de l'empire sur le cœur, sans un trop grand effort. Signe graphique dominant :

Inclinaison de l'écriture bien marquée et constante dans toutes les lettres. Ex. Mme de Maintenon.

Troisième groupe : SENSIBILITÉ EXTRÊME; SENSITIVITÉ. — C'est l'écriture des passionnels, de l'impressionnabilité sans limites ; — la grande féminité, — la passion qui emporte. — Toutes les déterminations se prennent en vertu des impressions reçues. Il faut une réaction exceptionnelle de la raison et de la volonté pour se tenir en garde contre le cœur, qui alors domine; et l'on ne réussit pas toujours. Signe graphique dominant : *Inclinaison excessive de l'écriture.* Ex. Une sensitive.

Quatrième groupe : SENSIBILITÉ CONTENUE. — Lutte de la raison et de la volonté contre l'impressionnabilité dont on sent la prédominance. Signe graphique dominant : *Certaines lettres se redressent au milieu de l'écriture.* Ex. George Sand dans sa première manière.

Ces quatre groupes donnent l'organisation affective.
3° MANIFESTATIONS VOLONTAIRES : L'âme veut. Développement de la force de détermination.
VOLONTÉ FAIBLE. — Ce sont les natures faciles à

dominer. Signe graphique dominant : *De petites barres au* t *minuscule, finissant très-finement ; quelquefois des* t *non barrés.* Ex. Louis XVI.

Groupe des VOLONTÉS FORTES.
Premier groupe : RÉSOLUTION. — C'est l'écriture des hommes à déterminations fortes. Signe graphique dominant : *Des traits durs terminés carrément.* Ex. Gambetta.

Second groupe : PERSISTANCE. — C'est la constance de résolutions, la persévérance inflexible, qui ne cède pas, et veut à tout prix atteindre son but. Signe graphique dominant : *La ligne droite avec un mouvement rectiligne rigide. Chaque ligne semble une petite tige d'acier.* Ex. Le cardinal Régnier.

Troisième groupe : ENTÊTEMENT. — C'est la volonté qui ne plie pas. Signe graphique dominant : *Les lettres anguleuses à leur base.* Même exemple.
Quatrième groupe : OBSTINATION. — Les obstinés ne démordent pas de leurs idées. Signe graphique : *Les* f *et les* t *barrés en retour. Plus la barre est en courbe, moins l'obstination est forte.* Ex.

Cinquième groupe : TÉNACITÉ. — Le tenace suit ses plans sans lâcher prise. Signe graphique dominant : *L'emploi de barres recourbées en croc ou harpon plus ou moins aigu.* Ex. Buonaparte, commandant d'artillerie.

Sixième groupe : OPINIATRETÉ.

Les opiniâtres n'avouent pas leurs torts et sont d'une détermination que rien ne fait changer. Signe graphique dominant : *La barre épaisse, carrée d'abord, aiguë ensuite et fortement descendante.* Ex. Une petite fille de sept ans.

Ces six groupes donnent l'organisation volontaire.

II. — LES INSTINCTS

LES INSTINCTS sont nos forces natives. Ils rendent les mouvements non calculés de l'âme. C'est l'âme dans ses penchants primitifs, irréfléchis, dans les impulsions qu'elle trouve en elle-même pour être agissante, voulante, aimante.

INSTINCTS BIENVEILLANTS. — Ce sont les âmes expansives qui s'oublient volontiers pour les autres. Signe graphique dominant : *Écriture inclinée, — des courbes. Plus l'inclinaison est forte, plus le cœur domine,* *plus il y a d'expansion. Plus les courbes se multiplient, plus il y a de bonté, de douceur. Dans ces écritures, on trouve fréquemment des* u *pour des* n. Ex. Un bienveillant.

INSTINCTS TRACASSIERS. — Ce sont les âmes déplaisantes, querelleuses, aimant la dispute. Signe graphique dominant : *Des barres très-vives, très-ascendantes ; écriture dont les mots sont anguleux à la base. Absence complète de courbes.* Ex.

INSTINCTS DÉFIANTS. — Les âmes défiantes ont toujours peur d'être trompées. Signe graphique dominant : *Emploi rigoureux des points après les dates, la signature, les noms des villes sur les adresses.*

INSTINCTS TIMIDES. — Signe graphique dominant : *Des courbes qui n'ont pas de hardiesse et qui semblent brisées et tremblantes, comme les font les enfants qui commencent à écrire ou les personnes ayant une maladie nerveuse.* Ex. Le P. de la Colombière.

INSTINCTS PARCIMONIEUX. — C'est le sens de l'épargne, de l'économie, la joie de posséder, le déplaisir de faire de la dépense. Signe graphique dominant :

Les mots dont la finale est aussi courte que possible; les lignes où l'on tasse les mots; — rarement d'alinéas; — peu de marges. Ex. Louis XVIII.

19   *Je cherche a me débarrasser*

Quand ces signes ont une grande fréquence et beaucoup d'intensité, ils indiquent l'avarice, qui est une parcimonie excessive, la ladrerie.

INSTINCTS PRODIGUES. — C'est le sens de la profusion. Signe graphique dominant : *A l'inverse des avares, les prodigues ont de longues finales aux mots; ils n'économisent pas plus leur encre que leur or. Ils mettent peu de mots dans une ligne et peu de lignes dans une page. Ils espacent même beaucoup leurs lettres dans un mot.* Ex. Nathalie, une actrice.

20   *le bon du destin absolument bijou*

INSTINCTS ORDONNÉS. — Signe graphique dominant : *Écriture où tout est à sa place, où nul détail n'est négligé, où les lettres, quoique non appliquées, non calligraphiques, n'avortent pas sous la plume, mais sont formées avec une régularité presque géométrique.* Ex. Plus haut, Louis XVIII.

INSTINCTS DÉSORDONNÉS. — Signe graphique dominant : *L'absence des signes précédents. Écriture où*

rien n'est à sa place; détails négligés, lettres avortées.
Ex. Plus haut, Nathalie.

Ces deux derniers signes se comprennent parfaitement et n'auraient pas besoin d'exemples.

III. — LA NATURE.

LA NATURE est l'état permanent de l'âme.

ÉGOISME. — L'égoïsme est le sens du *moi,* de la personnalité. Même en aimant les autres, on les aime pour soi, pour le bien qu'ils nous font, pour les joies que nous rapporte leur affection, et celle que nous avons pour eux. Les égoïstes sont des *convergents* qui se font centre. Signe graphique : *Les majuscules terminées par un crochet qui se replie et qui coupe inharmoniquement le jambage de la lettre.* Ex. L'horrible Troppmann.

Voyez aussi, plus loin, le cliché n° 26, qui est un bon type du *moi.*

IMPERSONNABILITÉ. — Oubli de soi. Les impersonnels sont des *rayonnants* qui aiment les autres pour le bien qu'ils leur font, pour les joies qu'ils leur donnent. Signe graphique dominant : *Les majuscules M, N, T, R, S, toujours liées au mot et ne présentant jamais le crochet concentrique indiqué plus haut.* Ex. Alexandre Dumas fils.

PETITESSE, MINUTIE. — Signe graphique dominant : *Forme commune des lettres ; lettres sans hauteur ; importance attachée aux moindres détails de l'écriture* Ex. Voyez l'écriture n° 90, page 10.

ÉLÉVATION, DIGNITÉ, GRANDEUR D'AME, SENTIMENTS NOBLES. — Signe graphique dominant : *L'écriture à grandes allures, de haute dimension ; signature sans paraphe ; souvent peu de soin des détails orthographiques ; lettres et mots non tassés.* Ex. Louis XIV.

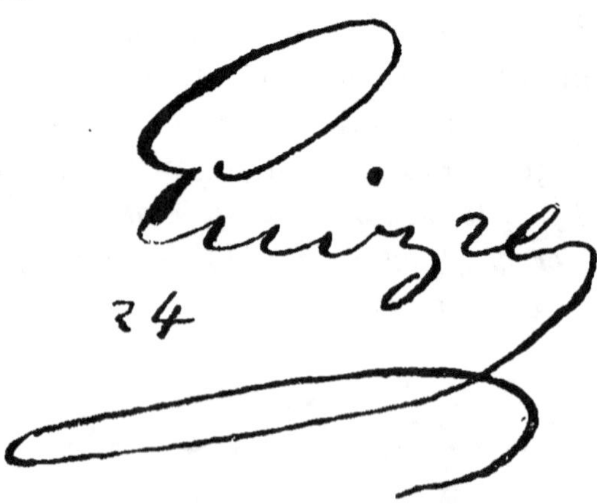

ORGUEIL. — Développement du sens de supériorité. Signe graphique dominant : *Lettres qui s'exagèrent en hauteur ; majuscules M dont le premier jambage a souvent plus du double de hauteur que les deux autres.* Ex. Guizot.

HUMILITÉ. — Développement du sens humble, absence d'orgueil. Signe graphique dominant : *Majuscules peu élevées et dont les jambages sont égaux en hauteur. Absence des signes précédents.* Ex. Vincent de Paul.

EXALTATION. — Natures peu maîtresses d'elles-mêmes, emportées par l'imagination sans règle qui va quelquefois jusqu'à l'extravagance, même jusqu'à la folie. Signe graphique dominant : *Des mouvements extravagants de la plume dans le haut et dans le bas des lignes, des lettres de grandeur démesurée se perdant dans le blanc du papier.* Ex. Barbey d'Aurevilly.

MOBILITÉ. — Natures qui subissent vivement les impressions et passent rapidement de l'une à l'autre. Signe graphique dominant : *Lettres tour à tour hautes et basses dans les mêmes mots.* Ex. Le maréchal Ney.

INFLEXIBILITÉ. — Natures dont le baromètre à sensations est toujours à un degré fixe. Signe graphique dominant : *Ecriture rigide, à lettres d'égale hauteur et suivant une ligne droite, comme si le papier était réglé.* Ex. Bismark.

ARDEUR. — Natures ascendantes, qui ont de l'entrain, de l'activité, un grand sentiment de leur force, le désir vif du succès, — les ambitieux, — les courageux, — les actifs, — les vifs. Signe graphique : *Mouvements vifs de la plume, barres des t d'une excessive rapidité, écriture tendant à monter.* Ex. Beulé.

DÉCOURAGEMENT. — Natures descendantes, que les obstacles arrêtent facilement, qui s'abattent, ont des noirs, des tristesses de cœur, des mélancolies. Signe type dominant : *Mouvement descendant de la ligne.* Ex. Une découragée.

FRANCHISE. — Développement du sens candide.

Natures qui ont l'ouverture d'âme primitive, et qui ne redoutent pas qu'on pénètre leur pensée. Signe graphique dominant : *Des mots de hauteur égale, et souvent des lettres grossissantes de hauteur à la fin des mots.* Ex. Lottin de Laval.

FINESSE, RUSE, DISSIMULATION, IMPÉNÉTRABILITÉ. — Natures qui s'observent beaucoup, cherchent à pénétrer les autres et à ne pas se laisser pénétrer elles-mêmes. Signe graphique dominant : *Écriture dont les lettres vont diminuant de hauteur dans les mêmes mots.* Ex. Landriot, ancien archevêque de Reims.

SENSUALITÉ. — Nature que les sensations physiques dominent beaucoup ; penchant aux plaisirs des sens. Signe graphique dominant : *Écriture appuyée, souvent pâteuse. Lettres renflées au milieu des jambages.* Ex. Léo Lespès.

POSE, RECHERCHE, PRÉTENTION, COQUETTERIE. — Développement du sens vaniteux. Natures qui désirent être remarquées, ou qui cherchent à plaire.

Signe graphique dominant : *Lettres contournées en spi-*
rales, appelées fioritures.

SIMPLICITÉ, ABSENCE DE POSE, DE PRÉTEN-
TION, etc. — La simplicité est toujours l'indice d'une
nature de valeur. Signe graphique dominant : *Nulle*
fioriture ; le d minuscule ne fait aucune courbe intérieure
en forme de volute. Ex. Cavour.

IV. — LE CARACTÈRE.

LE CARACTÈRE est l'âme active, c'est la résultante
des instincts et de la nature. Les instincts et la nature
changent peu. Le caractère peut se modifier.

FORCE, HARDIESSE, ÉNERGIE, VIRILITÉ. —
Les caractères forts, hardis, énergiques se reconnaissent
dans l'écriture par les signes graphiques suivants :
Grande fermeté du trait de la plume ; — lettres peu
inégales en hauteur ; — rarement des courbes, et fré-
quemment des lettres anguleuses à leur base ; — des
massues fréquentes terminant les barres des t ; *— l'écri-*
ture tend à être verticale ; souvent la signature est un
simple coup de plume rapide, aigu comme un glaive.
Ex. Thiers.

DOUCEUR. — Signe graphique dominant : *L'emploi
fréquent de la courbe au lieu de l'angle, dans le bas des
lettres. Les* m *et les* n *sont faits comme des* u. Ex.

RAIDEUR, FERMETÉ, RIGIDITÉ. — Les caractères raides ont pour signes graphiques : *Beaucoup
d'angles dans leur écriture ; absence de courbes ; le
trait sec, net, hardi.* Ex.

VIOLENCE, BRUTALITÉ. Caractère toujours porté
à user de la force. Signe graphique dominant : *Les
signes précédents avec intensité ; — volonté puissante
manifestée par les massues de l'écriture. — Chez les
violents, la barre des* t *quelquefois est si vive qu'elle ne
touche pas la lettre et se trouve à côté, dans le blanc du
papier, comme chez le duc de Praslin.* Ex. Pierre-
Napoléon Bonaparte.

DOMINATION, DESPOTIVITÉ. — Sens du commandement. Les caractères despotiques ont pour signe graphique spécial : *Les barres des t très-hautes, quelquefois ne touchant pas la hampe de la lettre.* Ex. L'impératrice Eugénie.

BIZARRERIE, ÉTRANGETÉ, ORIGINALITÉ, SINGULARITÉ. — Signe graphique dominant : *Toute forme spéciale, étrange de lettres que l'on dirait faites à plaisir, qu'on ne retrouve dans nulle autre écriture, et que le scripteur semble affecter.* Ex. Le duc de Brunswick.

V. — L'ESPRIT.

L'ESPRIT dit spécialement les facilités de l'âme. On peut avoir de précieuses qualités et manquer du côté de l'esprit. L'esprit se cultive. Les qualités tiennent davantage aux instincts et à la nature.

ESPRIT LUCIDE, NET, CLAIRVOYANT, JUDICIEUX, VOYANT BIEN LES CHOSES SOUS LEURS VRAIS ASPECTS. — Signe graphique dominant : *Grand espace séparant les mots et les lignes ; nul enche-*

vêtrement des jambages des lettres d'une ligne à l'autre.
Ex. Cavour.

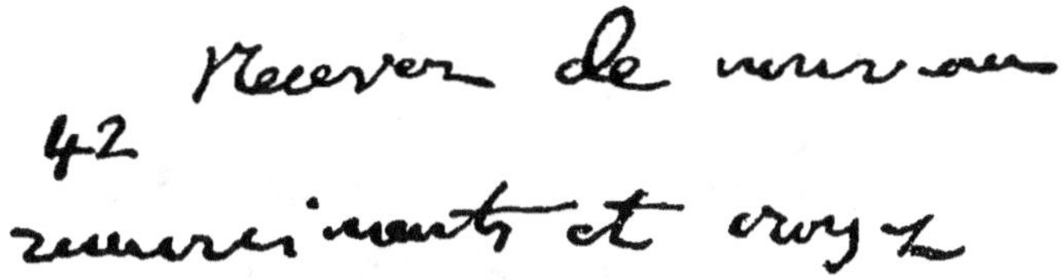

ESPRIT PEU LUCIDE, PEU NET, PEU JUDI-
CIEUX, VUE CONFUSE DES CHOSES. — Signe
graphique dominant : *Pas d'espace entre les mots et
entre les lignes ; enchevêtrement des jambages des lettres
d'une ligne à l'autre.*

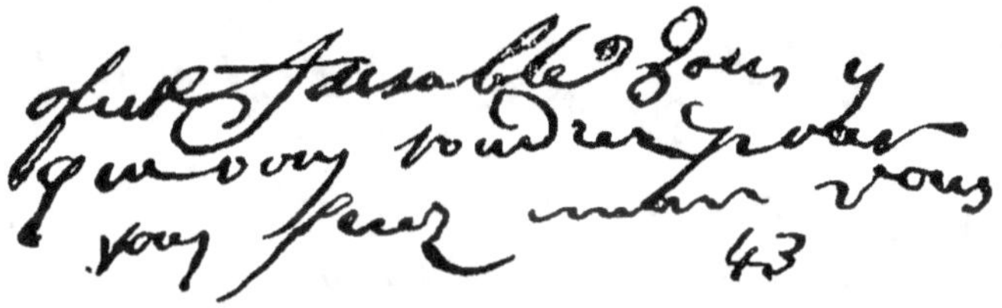

ESPRIT ATTENTIF, APPLIQUÉ, ORDONNÉ,
EXACT. — Signe graphique dominant : *Ordre, pro-
portions, constance dans les mêmes formes de l'écriture ;
— ponctuation soignée ; — les points mis attentive-
ment sur les i, et non pas plus loin sur les lettres qui ne
les nécessitent pas.* Ex. Thiers. Voyez aussi Cavour,
cliché 42.

ESPRIT INATTENTIF, ÉTOURDI, LÉGER, INAP-
PLIQUÉ, DÉSORDONNÉ.—Signe graphique : *Manque
d'ordre ; écriture très-négligée ; oubli des détails ; lettres
avortées ; extrême laisser-aller de l'écriture.* Voyez plus
loin l'écriture n° 55.

ESPRIT CALME, FROID, NE S'EMPORTANT
PAS, MAITRE DE LUI. — Signe graphique domi-
nant : *Lettres sobres, régulières, un peu verticales, égales*

de hauteur, presque calligraphiques ; nul mouvement de la plume, sinon pour tracer régulièrement la lettre. Ex. Le P. de la Colombière.

ESPRIT COMMUN, VULGAIRE, GROSSIER. — Signe graphique dominant : *Accumulation de formes disgracieuses, inharmoniques dans les traits de l'écriture.* Ex.

ESPRIT DÉLICAT, GRACIEUX. — Signe graphique dominant : *Formes d'écriture gracieuses, harmoniques ; — absence de toute lettre vulgaire, inharmonique.* Ex. Fénelon.

VI. — LES APTITUDES.

LES APTITUDES sont les dispositions naturelles de l'âme, qu'on a plus ou moins exercées. Il y a des aptitudes à l'état latent, qui n'ont pas trouvé leur milieu pour se produire.

SENS ESTHÉTIQUE, — SENS DU BEAU, — SENTIMENT DE L'ART, — POÉSIE ; — LITTÉRATURE ; — ART. — Signe graphique dominant :

La forme gracieuse des courbes ; des majuscules très-harmoniques ; usage, par instinct, des lettres qui se rapprochent des lettres typographiques. Ex. Victor Hugo.

SENS ABSTRAIT, PHILOSOPHIE, DIDACTIQUE. — Signe graphique dominant : *Emploi exclusif de lettres très-simples ; écriture de sobriété absolue, aussi peu mouvementée que la plume peut la produire.* Ex. Pascal.

SENS PRÉCIS, MATHÉMATIQUES, SCIENCES EXACTES. — Signe graphique dominant : *Lettres courtes, sobres, petites ; lettres prismatiques qui souvent ressemblent aux chiffres arabes.* Ex. D'Alembert.

SENS UTILITAIRE, TRAVAIL DE PRODUCTION, INDUSTRIE ET COMMERCE. — Signe graphique : *Chaque industriel ou commerçant a l'écriture qui va à ses facultés, à ses instincts. Mais, d'ordinaire, le paraphe est compliqué en forme de toile d'araignée.* Ex. Un industriel habile.

SENS NÉGOCIATEUR, DIPLOMATIE. — Signe graphique dominant : *Ligne à direction sinueuse, formant une écriture serpentine.* Ex. Talleyrand. *Chaque mot même est sinueux.*

VII. — LES GOUTS.

LES GOUTS sont des inclinations, des prédilections de l'âme.

GOUTS SIMPLES, — on repousse toute ostentation. — Signe graphique dominant : *Lettres uniquement indiquées pour qu'on les distingue l'une de l'autre, sans aucune parure calligraphique.* Ex. Boileau.

GOUTS AFFECTÉS. — Signe graphique dominant : *Recherche d'ornements d'écriture.*

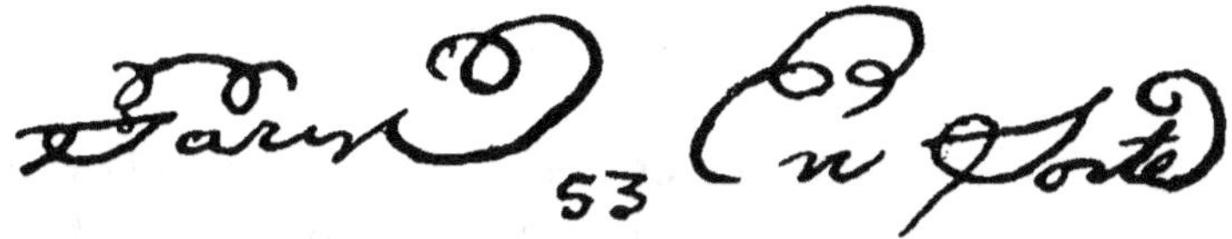

GOUTS ARISTOCRATIQUES, VIE BRILLANTE, RECHERCHE DU GRAND MONDE. Signe graphique : *Hauteur excessive, anormale de la première hampe de la majuscule* **M.**

GOUTS NÉGLIGENTS, DÉSORDONNÉS. On ne tient en rien à l'ordre, à l'arrangement. Signe graphique dominant : *Écriture où ne se montrent aucune attention, aucun arrangement, aucune proportion des lettres, aucun soin des détails.* Ex. Un désordonné.

GOUTS ORDONNÉS, ARRANGEMENT, SOIN, APPLICATION. — Signe graphique dominant : *Écriture soignée, régulière, jolie sans être calligraphique, où tout est à sa place.* Ex. Saint François de Sales.

VIII. — LES PASSIONS.

Les passions sont un développement excessif et violent de nos instincts et de notre nature, la manifestation en excès des forces de notre âme.

Toute écriture où se trouvent, avec grande intensité, les signes graphiques de tel instinct, de telle nature, nous donne la passion correspondante.

Ex. Les possessivistes, les rangés, les économes, *évitent les blancs du papier, les marges, les alinéas, font les finales des mots très-courtes, comme s'ils épargnaient l'encre, tassent les lettres et les mots,* comme ils tassent les billets de banque. Toute écriture où ces signes seront intenses, très-marqués, accumulés, pour ainsi dire, nous donnera la *passion de l'avarice.*

Les sensuels, les gourmands, les hommes enclins aux plaisirs des sens, ont l'*écriture appuyée, aux jambages renflés, quelquefois pesante, pâteuse.* Toute écriture où se trouvera ce signe graphique très-intense, fortement indiqué, nous donne *la passion sensuelle.*

La dureté, la violence poussées à l'excès font les cruels. Toute écriture où s'entasseront les signes graphiques de la dureté, de la violence, de la brutalité, nous donnera *la passion cruelle.* Ainsi l'écriture de l'affreux Troppmann a, avec intensité, les signes de l'*égoïsme,* de la *brutalité,* de l'*extravagance,* de la *vanité,* de la *volonté dure,* de la *despotivité,* de la *violence.*

Toute force en excès, dans l'âme, arrive à une passion.

Il suffit de constater cet excès, au moyen de l'intensité dans la reproduction des signes graphiques, pour conclure à l'existence de la passion.

Dans cet abrégé, nous avons dû omettre un nombre considérable de signes graphiques, pour ne donner que le signe le plus saillant, le plus facile à constater.

Bien souvent des signes graphiques sont complexes, et forment ce qu'on appelle, en graphologie, *les résultantes*. J'ai dû les omettre dans un simple travail d'abrégé, qui a pour but de donner une notion simple et vraie d'une science nouvelle, mais qui, évidemment, ne peut, dans quelques pages, renfermer tout un volume.

Nous finissons en insistant de nouveau sur cette idée que cet abrégé n'a d'autre but, dans notre pensée, que de donner une notion rapide du procédé graphologique. Il y a un plus grand nombre de signes. Nous n'avons donné pour chaque manifestation de l'âme que le signe dominant, le plus facile à saisir. C'est là évidemment le côté faible des abrégés ; ils ne peuvent pas tout contenir.

Il ne faut pas juger la science nouvelle sur cette esquisse : ce serait commettre la même erreur que de juger l'astronomie sur un traité classique à l'usage des écoles. C'est dans les deux ouvrages de l'inventeur de la méthode, *Système de Graphologie* et *Méthode pratique de Graphologie,* que cette science doit être étudiée et jugée. Là, elle est exposée scientifiquement, avec ses principes, ses lois, sa classification.

Il faut aussi ne pas oublier que chaque signe graphique indiqué dans cet abrégé rend bien nettement l'état de l'âme, dont il est en quelque sorte la reproduction photographique, mais qu'après le travail d'anatomie psychique fait à l'aide des signes, il faut reconstituer l'ensemble de la personnalité, en indiquant l'action réciproque des facultés, des instincts, du caractère, etc., c'est-à-dire que, après le travail de décomposition et d'analyse qui constitue la première opération du graphologiste, il doit passer à une seconde opération de synthèse, qui donne l'homme avec son individualité distincte des autres individualités.

HISTOIRE

DE

LA GRAPHOLOGIE

I. — UNE SCIENCE NOUVELLE.

Une femme de beaucoup d'esprit, du dernier siècle, Mme de Genlis, raconte, dans ses Mémoires, qu'après son mariage elle voulut compléter son éducation. Son mari avait une fort belle bibliothèque. Elle y prit un traité de physique, et lut, dans la préface, que l'auteur avait donné une telle clarté à ses démonstrations qu'un enfant de douze à quatorze ans pouvait aisément les comprendre. La jeune femme avait alors la naïveté de croire aux fallacieuses promesses des préfaces. Elle commença la lecture du traité, et n'y comprit absolument rien. Elle raconta sa mésaventure à son mari; et celui-ci lui apprit qu'avant de lire les livres scientifiques, — « mis à la portée de tout le monde, » — il faut acquérir certaines connaissances préliminaires que les auteurs supposent toujours bénévolement à leurs lecteurs. L'inventeur de la science graphologique, mon ami, M. Michon, a su éviter cet écueil dans les livres classiques de graphologie où il a exposé son système. Rien de plus simple, de plus méthodique. Il a supposé au contraire que chacun de ses lecteurs n'avait pas la première notion de la science qu'il a imaginée.

Ajoutons que les procédés de vulgarisation de la science ont fait, depuis le xviiie siècle, d'immenses progrès.

C'est surtout lorsqu'une science se formule pour la première fois qu'il est essentiel d'en rendre l'étude intéressante. On rencontre tant de contradicteurs, tant de railleurs, tant d'incrédules, et surtout tant d'indifférents! Ceux-ci ne veulent rien entendre : A quoi bon, disent-ils, étendre l'horizon de nos connaissances, et venir, avec une science nouvelle, solliciter un travail de notre esprit habitué à son doux *far-niente?*

La Graphologie ne redoute pas les contradicteurs ; ils sont utiles aux progrès de la science ; c'est un stimulant. Elle ne craint pas les railleurs ; elle peut leur répondre. Elle craint les incrédules de parti pris ; mais elle ne craint pas ceux qui demandent des preuves pour se déclarer convaincus. Quant aux indifférents, aux esprits paresseux, on a peu de prise sur eux. Mais, si l'on peut exciter leur curiosité, on en fait facilement des adeptes.

Il faut donc, quand on veut propager une science, prouver non-seulement qu'elle est utile, mais encore qu'elle est des plus intéressantes à étudier.

M. Michon a écrit d'abord sur la Graphologie un gros livre, les *Mystères de l'écriture,* 400 pages, et depuis, un livre capital, le *Système de Graphologie,* qui renferme toute la science (1).

En collaborant au journal de la *Graphologie,* la pen-

---

(1) Le *Système de Graphologie* avait besoin d'un complément qui aidât à saisir le système. Ce nouveau volume a pour titre : *Méthode pratique de Graphologie pour faire suite au Système de Graphologie.* L'auteur y donne tous les secrets qu'une expérimentation nouvelle et la pratique lui ont révélés depuis l'apparition du premier volume. Prix : 3 fr. *franco* par la poste.

sée m'est venue que, pour aider à la vulgarisation de la science nouvelle et donner le désir de s'y initier par la lecture d'un gros livre, il serait bon d'en faire un petit, où l'on raconterait l'histoire de la Graphologie, ses origines, comment elle en est arrivée à se formuler, ses progrès, son but, son utilité, et quelques aperçus sur la manière de l'étudier.

Dans ma pensée, il ne s'agit pas de faire ici de la science graphologique, mais d'attirer sur elle l'attention du public intelligent, en lui prouvant qu'elle n'a rien de conjectural et qu'elle est basée sur l'expérimentation.

Ce n'est pas un traité que je donne à mes lecteurs, c'est une causerie, rien de plus.

Les hommes doués du génie de l'observation ont constaté qu'il existe un rapport des plus intimes entre nos facultés cérébrales et nos manifestations extérieures telles que le geste, la démarche, les mouvements si multiples de la physionomie, l'émission de la voix, le sourire, et enfin l'écriture, qui a, de plus que toutes les autres manifestations de l'âme, la puissance de fixer ses révélations inconscientes. Car, pour le graphologiste, les mots ne sont rien; il ne voit que l'écriture. Seule elle lui donne l'organisation du cerveau de celui qui écrit. Le secret de sa force ou de sa faiblesse, ses instincts, ses aptitudes, ses passions bonnes ou mauvaises, tout a été trahi par cette plume qu'il a laissée courir sous ses doigts, sans se douter qu'elle disait bien plus, la terrible indiscrète, qu'on ne l'avait chargée de dire, et que, pour le graphologiste, ces courbes, ces angles, ces crochets, ces mots illisibles, sont remplis de révélations. Telle est la nature de cette science. Elle n'a absolument rien de conjectural, étant toute basée sur l'expérimentation.

Il n'y a donc pas à la confondre avec *les Sciences de divination,* que l'on appelle avec raison des pseudo-sciences, parce qu'elles n'ont de la science que le nom, et qu'elles ne s'appuient absolument que sur la conjecture, la crédulité et l'imagination des dupes qu'elles savent merveilleusement faire.

II. — DE LA GRAPHOLOGIE CHEZ LES ANCIENS.

Plusieurs textes des écrivains de l'antiquité, et ces textes sont d'ailleurs très-intéressants, pourraient faire croire que les anciens, qui ont parlé avec tant d'enthousiasme de l'invention de l'écriture par les Phéniciens, avaient soupçonné que l'écriture rendait quelque chose de l'âme humaine.

Aristote a dit : « De même que le discours signifie les conceptions de l'âme, l'écriture rend le discours et la conception. »

Démétrius de Phalère a dit : « La lettre rend l'âme. En effet, quiconque écrit des lettres, imprime en elles l'image de son âme. Nous pouvons, par l'écriture, connaître les mœurs de l'écrivain. *Poterimus ex scriptione dignoscere scriptoris qualitates.* »

Le poëte Ménandre, Denys d'Halicarnasse ont parlé dans le même sens.

Mais, quand on lit avec attention ces textes, on ne tarde pas à se convaincre que, dans l'idée des anciens, l'écriture c'est la pensée écrite, c'est le style. Ils n'ont pas songé le moins du monde au graphisme, c'est-à-dire à l'empreinte que laisse l'âme au moyen des traits de l'écriture. En sorte que ce serait jeter le public dans une véritable erreur que de lui laisser croire que l'antiquité a soupçonné quelque chose de la science graphologique.

Une seule remarque sur le graphisme, la forme de l'écriture, se trouve dans Suétone, qui, écrivant l'histoire d'Auguste, a fait la remarque que le personnage, quand il écrivait, tassait ses mots, et, pour aller le plus tard que possible à la ligne suivante, jetait encore à la fin quelques mots au-dessous de la ligne.

La remarque est curieuse. Seulement Suétone n'en a certainement pas connu la signification. Auguste était un économe, un grand possessiviste. Il aimait à thésauriser ; et ce n'était que sous l'influence de sa vanité et de son ambition qu'il prenait à sa caisse pour aduler le peuple-roi dont il était devenu le maître. C'est la plus ancienne notion qu'on puisse recueillir d'une remarque sur la forme de l'écriture. On serait porté à croire que Suétone avait peut-être quelque vague idée que cette façon particulière d'écrire devait trouver son explication dans le caractère même de l'empereur. Toujours est-il qu'il a cité le fait sans l'accompagner d'aucun commentaire.

Voici le passage de Suétone :

« J'ai remarqué principalement ceci dans son écriture : il ne sépare pas les mots, et il ne transporte pas à l'autre ligne les lettres qu'il a de trop à la fin des vers, mais il les place de suite au-dessous et les entoure d'un trait (1). »

Or ces deux remarques sont significatives en grapho-

---

(1) Notavi et in chirographo ejus illa præcipue : non dividit verba, nec ab extrema parte versuum abundantes litteras in alterum transfert, sed ibidem statim subjicit, circumducit que. » (*Octavius Augustus*, LXXXVII). M. de Golbéry traduit : « J'ai remarqué surtout, dans ce que nous avons de sa main, qu'il ne divisait pas les mots et ne rejetait pas à la ligne du vers suivant (selon d'autres, à la ligne suivante) les lettres qui n'avaient pas trouvé de place, mais les mettait sous le mot en les entourant d'un trait. »

logie : les mots tassés disent un grand instinct d'ordre et d'économie. Si ces mots sont liés par des ligatures, ils disent l'esprit déductif logicien, positif et pratique. L'habitude de ne pas aller à la ligne et de faire contenir à la même ligne le plus de mots que possible, au point de mettre entre parenthèses les lettres qu'on a de trop vers la fin d'un vers, indique un esprit prévoyant, soigneux, qui pense à tout, et veut se fairedes réserves pour l'avenir.

Or nous savons que tel était Auguste.

Je donne la traduction de M. Michon, qui est plus littérale et plus précise.

III. — DE LA GRAPHOLOGIE AU MOYEN AGE.

Un proverbe très-ancien : *Il met les points sur les i,* pour dire d'un homme qu'il est minutieux, attentif aux détails, peut bien remonter au moyen âge et être antérieur au XVI⁰ siècle.

C'est toujours la plus remarquable observation qui ait été faite, depuis que l'écriture a commencé à se vulgariser ; et ce proverbe se trouve donner un véritable signe graphique, dont M. Michon a vérifié la complète exactitude. Ce sont donc nos pères, peu savants, mais très-observateurs, qui avaient découvert le rapport entre l'idée et la forme de l'écriture rendant l'idée. Ils n'en avaient fait qu'une application unique, mais le principe était découvert.

C'est incontestablement là le point de départ de la science graphologique.

IV. — DE LA GRAPHOLOGIE AU XVIe SIÈCLE.

Pendant le grand travail de l'esprit humain, à l'époque de la Renaissance, où l'ébullition fut si vigoureuse dans notre Occident, il est hors de doute que l'idée de juger l'homme sur les formes des traits de l'écriture, avait occupé beaucoup d'esprits élevés et chercheurs.

Nous en avons la preuve dans un passage de Shakespeare, qui fait dire à l'un de ses personnages : « Donne-moi de l'écriture d'une femme, et je te dirai son caractère. » M. Michon a fait rechercher inutilement à Londres, dans les biographes du célèbre tragique, quelques indices sur cette parole si précise, qui ne devait pas être une énigme pour le public anglais.

Rien n'a pu être expliqué de cette parole significative qui semble indiquer assez nettement que la graphologie était exercée en Angleterre dès cette époque, soit par procédé intuitif, soit d'après des règles fixes.

Shakespeare s'était retiré du théâtre vers 1610. C'est donc aux dernières années du XVIe siècle, ou aux premières du XVIIe, qu'il faut rapporter le trait si intéressant que nous venons de citer.

V. — DE LA GRAPHOLOGIE AU XVIIe SIÈCLE.

Camillo Baldo. — Un graphologiste français.

Un professeur de Bologne, qui a eu une grande renommée, Camillo Baldo, publia en 1622, à Carpi, un petit volume in-4°, intitulé : « *Trattato come de una lettera missiva si cognoscano la natura e qualita dello scrittore,* Traité comment, par une lettre missive, se connaissent la nature et les qualités de l'écrivain. »

L'auteur fit, en 1664, une traduction latine de son livre, qu'il publia à Bologne (1). Cette traduction, selon l'usage du temps, était destinée aux savants de l'Europe, dont le latin était alors la langue commune.

Nous n'avions, à Paris, dans aucune de nos bibliothèques, ce livre curieux. M. Michon a eu la chance de découvrir la traduction latine dans la bibliothèque de l'École de médecine de Montpellier (2). Il a traduit en français le chapitre qui concerne la graphologie, et a donné des autres chapitres un sommaire assez étendu (Voir *la Graphologie* de 1876, n°ˢ 1, 2, 3, 4, 5.) Ce livre parle longuement, dans l'idée des anciens, des pronostics à tirer du style épistolaire où l'âme s'épanche librement ; et il a devancé le mot célèbre de Buffon : « Le style, c'est l'homme. »

Malheureusement les notions de graphologie qu'il donne, dans un seul chapitre, sont peu étendues, bien vagues, mal expliquées. Quelques-uns des signes qu'il indique manquent d'exactitude, et il n'y a rien qui établisse une science.

Historiquement, ce livre n'en est pas moins, pour nous, d'une grande valeur. Il établit que, dès les premières années du xviiᵉ siècle, un médecin, professeur dans l'une des villes savantes de l'Italie, avait publiquement enseigné l'art de juger les hommes par l'écriture. Ses essais ne constituaient pas la science, mais en contenaient l'embryon.

Camillo Baldo a donc la gloire d'avoir écrit le premier livre connu de graphologie. Évidemment ce livre se

(1) *De ratione cognoscendi mores et qualitates scribentis ex ipsius epistolá missivá, Camilli Baldi Bononensis philosophi medici collegiati et publici professoris emeriti, Bononiæ,* 1664.

(2) Il porte, sur le catalogue, le numéro suivant, E. C., 168.

répandit, et Baldo eut des disciples. Nous en avons la preuve dans le fait suivant.

Une des rares publications d'une époque fort tourmentée, 1793 ou 1794, *la Science des signes*, par d'Odoucet, continuateur d'Eteilla, contient ce passage curieux qui prouve qu'en France comme en Italie et en Angleterre, on s'occupait des signes de l'écriture au xvii° siècle :

« Sous le règne de Louis XIV, un homme se donnait pour deviner l'écriture. Une dame voulut l'éprouver. Elle fit contrefaire (1) l'écriture du roi. Elle donna cette écritude au prétendu devin pour l'examiner. Il ne s'informa pas de qui pouvait être cette écriture ; et sans craindre les conséquences que pouvait avoir sa liberté de dire son sentiment, il dit tout ce qu'il pensait de cette écriture. Il en pensait très-mal. Il fit un portrait très-désavantageux de celui qui l'avait faite. La dame ayant voulu faire croire que cet écrit était du roi, il lui répondit que son art ne lui apprenait pas à connaître les rois, mais les hommes. La dame, qui avait reconnu que son écrivain était tel qu'on l'avait dépeint, fut convaincue de l'habileté du devin. »

D'Odoucet ajoute : « Ce fait, tel qu'il est, est infiniment frappant en faveur de la physionomie de l'écriture. » (Pages 114, 115.)

VI. — DE LA GRAPHOLOGIE AU XVIII° ET AU XIX° SIÈCLE.

Goëthe. — Lavater. — George Sand.
— L'abbé Flandrin.

Deux grands noms continuent, au xviii° siècle, la filiation des graphologistes. Ils appartiennent à l'Alle-

(1) D'Odoucet a voulu dire, probablement, *calquer, copier.*

magne. L'auteur de *Faust* avait fait une étude spéciale des écritures. Il disait que « ses apréciations de l'écriture en rapport avec le caractère des hommes l'avaient rarement trompé ».

Mais il n'avait pas de méthode scientifique, et il ne se basait, pour juger, que sur le sentiment. Il avait cherché vainement une méthode, et il écrivait à Lavater : « On rencontrerait là plutôt une affaire de sentiment qu'une science claire. »

« On pourrait bien, par cette méthode, réussir dans quelques cas isolés, mais, à faire de la réunion du tout une certaine méthode, cela réussirait difficilement à qui que ce soit ».

Goëthe termine sa lettre en protestant de l'intérêt sympathique qu'il attache aux recherches de son ami : il l'engage à les continuer et « à collectionner avec zèle. »

Collectionner des écritures, les comparer les unes aux autres, c'était, en effet, le premier pas à faire dans la science graphologique.

Lavater, l'ami de Goëthe, pasteur à Zurich, profond observateur, s'était livré avec passion à l'étude des écritures. Il les jugeait d'une importance de premier ordre pour rendre l'âme humaine. Malheureusement le temps lui manqua pour trouver ce qu'il cherchait avec tant d'ardeur; cette gloire était réservée à un Français.

On sait quelle déplorable catastrophe vint terminer l'existence du philosophe de Zurich.

Lavater nous a laissé peu de chose de ses observations sur les écritures. Toutefois ses éditeurs, dans la grande édition de 1806, sont allés trop loin, quand ils ont dit qu'il n'avait « pas même fait les premiers pas « dans une carrière qui exigerait, à elle seule, un « observateur très-habile. »

Et qui donc fut plus habile observateur que Lavater ? Les fragments qu'il nous a laissés disent bien nettement qu'il avait fait plus que les premiers pas dans la science qu'il ne lui a pas été donné de formuler. Voici quelques extraits qui prouvent qu'il était sur la voie de la découverte :

« De tous les mouvements de la main et des doigts, « les plus diversifiés sont ceux que nous faisons en « écrivant. Le moindre mot jeté sur le papier, combien « de points, combien de courbes ne renferme-t-il pas? » (*OEuvres de Lavater,* t. III, p. 76.)

« Plus je compare les différentes écritures qui me « passent sous les yeux, plus je suis confirmé dans l'idée « qu'elles sont autant d'expressions, d'émanations du « caractère de l'écrivain. » (Id. p. 70.)

« L'observateur intelligent jugera du caractère de « son correspondant sur sa seule adresse. » (Id. p. 71.)

« Je distingue, dans l'écriture, la substance et le « corps des lettres; leur forme et leur arrondissement; « leur hauteur et leur largeur; leur position et leur « liaison; l'intervalle qui les sépare; l'intervalle qui est « entre les lignes; si celles-ci sont droites ou de travers; « la netteté de l'écriture; sa légèreté ou sa pesanteur. « Si tout cela se trouve dans une parfaite harmonie, il « n'est nullement difficile de découvrir quelque chose « d'assez précis du caractère fondamental de l'écri- « vain. » (Id. p. 72.)

Dans les *Hermites en liberté,* M. de Jouy raconte comment, en 1794, il mit à l'épreuve le talent de Lavater sur l'art de connaître le caractère d'après l'écriture. Le jugement qu'il porte sur la graphologie, pourtant encore dans l'enfance, est fort remarquable.

« Le système que Lavater avait fondé sur un examen

« suffisamment approfondi des différents caractères
« d'écriture, ne lui paraissait pas moins rigoureusement
« démontré que celui qui avait pour base les traits de la
« figure ; et j'ai eu occasion de m'assurer, par mes yeux,
« que l'expérience le trompait moins rarement sur les
« jugements qu'il portait d'après les caractères gra-
« phiques que d'après les physionomies.

« Réfugié en Suisse à cette époque (1794), je voyais
« assez souvent le philosophe de Zurich, et j'ai été plus
« d'une fois témoin des oracles qu'il y rendait. Ses
« méprises, assez fréquentes, ne m'empêchaient pas de
« reconnaître en lui ce génie d'observation dont il était
« pourvu au plus haut degré.

« Un jour, dans l'intention de mettre sa perspicacité
« en défaut, je lui présentai quelques pages écrites à
« l'âge de quatorze ans par un homme qui en avait
« quarante alors. »

Cet homme n'était autre que M. de Jouy lui-même.

Voici quel fut le jugement porté par Lavater :

« S'il a vécu l'âge d'homme, je ne crains pas d'affir-
« mer ou que l'écrivain de ce fragment n'en est pas
« l'auteur, ou qu'il s'est montré, *dès l'âge de vingt ans,*
« sous un tout autre aspect qu'il ne se présente dans
« ce journal d'un écolier. Cet homme doit avoir été
« remarquable par des mœurs sévères et des vertus
« antiques ; ferme dans ses principes philosophiques, il
« a dû être l'ennemi de toutes les tyrannies, de tous les
« préjugés. S'il n'est point tombé victime des factions
« dans vos discordes civiles, et je serais porté à le croire
« à la fermeté des jambages qui n'annoncent pas moins
« de prudence que de courage, si, dis-je, il survit aux
« grandes commotions politiques dont il a dû être le
« modérateur, il jouira d'un renom d'équité, d'une
« réputation de sagesse et de vertu, qui, dans les temps

« de corruption où il vit, lui assureront une gloire
« immortelle. »

Dans ce travail de Lavater, sauf le mot sur la *fermeté
des jambages*, tout semble être d'intuition. Rien n'est
précis; on reste dans le vague. M. de Jouy avait un
beau caractère, c'est très-bien; mais après? Était-il
logicien ou idéaliste? avare ou prodigue? franc ou dis-
simulé? Avait-il de l'ambition, des aptitudes diploma-
tiques, le goût des arts, l'esprit d'ordre? Était-ce une
nature virile ou une nature féminine? un cœur aimant
ou un cœur froid? Était-il despote? et, s'il l'était, cette
despotivité était-elle inflexible ou facile à combattre? Si
nous avions ce précieux autographe, on pourrait vous
dire tout cela, et bien d'autres choses encore. Par l'intuition, il faut toujours se renfermer dans les généralités; c'est ce que le maître appelle faire de la graphologie naturelle.

George Sand faisait de la graphologie naturelle, et
elle arrivait à des résultats merveilleux. Le portrait
qu'elle a tracé du caractère de M. Michon, d'après son
écriture, est quelque chose d'inimaginable comme préci-
cision.

Mes lecteurs me sauront gré de reproduire ici la
lettre de George Sand adressée à M. Michon.

« Nohant, 13 décembre 1871.

« Maladie nerveuse, alors l'écriture n'indique rien,
ou spontanéité poussée jusqu'à l'irréflexion. Sincérité
sans bornes, et bonté sans restriction. Précipitation de
jugement sous l'empire du sentiment qui ne raisonne
pas et ne réserve rien; imprévoyance absolue; négligence
totale des soins matériels de la vie; c'est une personne
qui pourtant est toujours prise à court de temps, parce
qu'elle ne sait pas employer les moments et remédier à

la brièveté des jours qui nous sont comptés, par des habitudes d'ordre et de classement dans l'emploi des heures. L'imagination et la sensibilité dominent cette belle âme et doivent donner au caractère une inconsistance apparente; elle n'est pas incapable d'études, de méditations, elle peut même arriver à la science ou y être arrivée, mais je serais bien étonnée si elle ne faisait bon marché de tout ce qu'elle sait pour se donner à ce qui l'émeut; capable de passion, et peut-être très-passionnée, elle ignore la violence, elle la hait, elle est par-dessus tout expansive et tendre. Si elle a un défaut, c'est de ne pas s'appartenir assez, c'est de vivre sous l'empire d'une confiance optimiste qui peut dégénérer en faiblesse. En somme, au point de vue évangélique, l'incomplet de cette nature est encore un charme, une prodigalité de bons intincts. »

« Voilà, Monsieur, ce que je pense de vous d'après votre écriture, sans me laisser influencer par ce que j'ai lu de vous; je n'ai pas l'honneur de vous connaître personnellement, je ne vous ai jamais vu et je n'ai jamais eu l'occasion de consulter vos amis sur votre vie privée.

« Je peux me tromper absolument, je n'ai *aucun système;* mais je reçois beaucoup de lettres : naturellement l'instinct de l'observation me porte à me faire une idée des personnes d'après l'ensemble de leur écriture; je ne prétends pas ne m'être jamais trompée, mais j'ai souvent deviné juste. Les écritures spontanées sont de plus en plus rares, et je crois que vous faites bien de prendre en considération l'observation que je me suis permis de vous faire.

« Je vous prie d'agréer mon dévouement.

« G. Sand. »

Cette page est splendide, et certainement ce portrait d'une nature très-prime-sautière, très-franche, très-aimante et très-douce, ne déparerait pas l'un des plus beaux livres de George Sand. Mais, au point de vue de la graphologie, ce travail a une importance capitale, parce qu'il est la révélation patente d'un fait que nul ne pourra nier maintenant. Et ce fait, dont les conséquences sont immenses, est celui-ci : qu'il y a une *graphologie naturelle, d'instinct, non aidée d'un système,* et pouvant cependant, au moyen d'un long exercice d'observation, arriver au résultat merveilleux que George Sand a obtenu.

Il importe, dans l'intérêt de la science, que nous prenions acte, très-hautement, de ce phénomène psychologique ; car il entraîne forcément avec lui cette grave conclusion : que si la graphologie naturelle existe et se trouve constatée scientifiquement à l'aide d'un document dont rien ne peut attaquer l'authenticité parfaite, la graphologie savante, formulée et classifiée, existe avec elle, puisqu'elle n'en est que l'application raisonnée.

Je n'oublierai jamais ma surprise, qui ne pouvait être égalée que par mon admiration, en lisant ce diagnostic qui a paru en fac-simile dans le numéro 8 de la première année du journal de *la Graphologie* (1872). Vraiment, il laissait bien peu de chose à dire à la science. Le génie s'était passé de méthode. Mais le génie c'est l'exception ; c'est un don splendide dont le Créateur ne se montre pas prodigue. A nous, pour arriver à la connaissance sérieuse d'un art, d'une science, il faut des méthodes, des règles. Voilà pourquoi, tant qu'une science n'est pas formulée, elle n'a pas d'existence réelle et pratique. Et voilà pourquoi Goëthe, Lavater, l'abbé Flandrin et quelques autres que je vais nommer, ne nous ayant

rien laissé de précis; la science graphologique était res-
tée, jusqu'à présent, à l'état de *desideratum*.

Camillo Baldo, Walter Scott, Balzac, le philosophe
Knigg, Wilhelm de Humboldt, l'historien Wolfmann,
Fourier, le comte Aloïs de Robiano ont cherché dans
l'écriture les mystères de l'âme humaine (1). Ce ne
sont pas les premiers venus que Lavater, Gœthe et les
hommes que je viens de citer. Ce sont des savants, des
penseurs, des poëtes. Avec cet imposant cortége, la
graphologie peut se présenter comme une science qui
mérite l'attention des esprits sérieux. C'est à eux qu'elle
s'adresse; leurs encouragements sont nécessaires à
celui qui s'est donné la tâche d'établir la science nouvelle sur la solide base du procédé expérimental.

Sous la Restauration, on a publié un petit livre in-24,
de 78 pages, sans nom d'auteur, avec ce titre : L'ART DE
JUGER LES HOMMES PAR LEUR ÉCRITURE.

Ce livre apprend peu de chose. Et pour ceux qui, sur
la foi du titre, espéraient s'instruire dans l'*Art de juger
les hommes sur leur écriture,* la déception est complète.

Parmi ceux de nos contemporains qui se sont occu-
pés de l'étude des caractères par l'écriture, je dois placer
au premier rang M. l'abbé Flandrin, ancien aumônier
de l'École normale de Paris. Son nom va bientôt se

(1) Je regrette d'avoir oublié le nom d'une dame irlandaise qui
donnait, il y a quelques années, à Londres, des consultations sur
les écritures. Avec le produit de ces consultations, elle a fait une
fondation pieuse dans son pays. Je crois cependant qu'elle portait
le nom de Mac-Donald.

A Ypres, en 1854, un savant belge, M. le comte Aloïs de
Robiano, voyant une lettre, dit de l'homme qui l'avait écrite :
« C'est un tracassier, un vaniteux, un faiseur d'embarras. » Et
ce jugement était vrai. M. de Robiano n'a rien publié sur la graphologie.

retrouver sous ma plume. Je dirai seulement ici que M. Michon, dans l'introduction des *Mystères de l'écriture,* lui a rendu un éclatant hommage.

Le docteur Descuret, dans un livre fort remarquable, *la Médecine des Passions,* donne une étude de Silvio Pellico, faite d'après son écriture, par M. Flandrin. Les nouvelles découvertes de la science permettraient de faire cette étude avec plus de précision. Je vais la donner tout entière. C'est un document précieux pour l'*Histoire de la Graphologie.*

« J'hésite à me prononcer sur le sexe. Si c'est un
« homme, il a l'exquise sensibilité de la femme ; si c'est
« une femme, elle a l'énergie et la fermeté d'un homme.
« *Puis, examinant avec plus d'attention, il ajoute :*
« Je suis maintenant certain que c'est un homme qui
« a écrit ces lignes. C'est un homme d'une noble et
« belle imagination, mais d'un cœur plus généreux et
« plus noble encore. La sensibilité est dominante chez
« lui ; et l'exaltation de son dévouement irait jusqu'au
« sacrifice de sa vie, si l'occasion s'en présentait. Cette
« belle âme ne sait pas haïr ; elle est trop noble et trop
« fière pour se venger. Aux ingratitudes, aux injustices
« de la vie, elle n'a répondu que par le pardon et
« l'amour. Cet homme a dû être le plus tendre des fils,
« le plus dévoué des amis, le plus généreux des citoyens.
« Il eût fait un vaillant capitaine ; plus brave toutefois
« que prudent. Si les circonstances dans lesquelles il a
« été placé lui ont permis de développer ses facultés
« intellectuelles, il doit être un grand poëte, le poëte
« de l'amour, des nobles affections et de la grandeur
« d'âme. Il n'est pas possible qu'il ne soit pas chrétien,
« s'il a pu connaître le christianisme. Son défaut
« dominant, c'est l'absence de l'esprit d'ordre et de cal-
« cul. Il eût fait un triste négociant ; il n'était pas né

« pour les affaires; or cette disposition, quand elle est
« portée à l'excès, peut constituer un véritable défaut.
« C'est le seul qu'une observation attentive puisse me
« permettre de signaler dans ce beau caractère, qui
« peut bien avoir eu les faiblesses de ses vertus, mais
« qui ne peut avoir été l'esclave d'aucun vice. »

Aprés M. Flandrin, je citerai Mgr Boudinet, mort, il
y a peu de temps, évêque d'Amiens. Il avait dirigé une
maison d'éducation, et il lui arrivait souvent de demander à un élève de lui montrer ses cahiers. Celui-ci ne
manquait pas de donner ses pages les plus correctement
écrites. « Ce n'est pas cela, lui disait le directeur, c'est
un brouillon qu'il me faut. » Et après avoir examiné ce
brouillon, M. Boudinet était fixé sur la nature et le
caractère de l'enfant. Avant l'abbé Flandrin, un jésuite
fort distingué, le P. Martin, mort il y a quelques
années, s'est beaucoup occupé de la science de connaître les hommes par leur écriture. Il avait une
méthode. L'avait-il reçue? était-elle le résultat de ses
études? Je l'ignore. Cette méthode n'a jamais été
publiée; et tout ce que j'en sais, c'est qu'elle se basait
sur les tempéraments, tandis que celle de M. Michon se
base sur la psychologie. La méthode de M. Michon me
paraît plus rationnelle que celle du P. Martin, qui
donne un champ plus vaste aux conjectures, mais par
cela même aux erreurs.

La science graphologique a donc été reconnue en
principe par des hommes éminents. Des écrivains, des
savants ont cherché, avec ardeur, à en déterminer les
lois. Mais ni Lavater, ni Goëthe, ni Fourier, ni l'abbé
Flandrin, ni le P. Martin n'ont laissé après eux le résultat de leurs investigations. Or la science n'existe léga-
lement que lorsqu'elle s'est expliquée devant le public,
qu'elle a donné des preuves de sa vérité, et qu'elle a

appelé autour d'elle des disciples en leur disant : Voici une méthode rationnelle. M. Michon a fait cela ; et il peut revendiquer la gloire d'être le chef de l'école graphologique.

VIII. — PREMIERS ESSAIS DE LA GRAPHOLOGIE SAVANTE.

J'espère que les notions que j'ai données sur ce que l'on pourrait appeler l'enfance de la science graphologique, ses agissements incertains, n'ont pas été sans intérêt pour mes lecteurs. L'histoire de son passage d'embryon à l'âge adulte et au moment où, comme le jeune Romain qui revêtait pour la première fois la robe virile, disait : Je suis un homme, elle a pu dire : Je suis une science, ne sera pas moins intéressante.

Il y a de cela fort longtemps, — je ne suis pas obligée de préciser la date, — je vis arriver un jour M. Michon chez ma bonne et bien-aimée grand'mère. Il fut, comme toujours, charmant causeur, mais avec un degré d'animation de plus. Il nous raconta que le professeur de philosophie du collége qu'il dirigeait, M. l'abbé Flandrin, pouvait, sur l'inspection de l'écriture d'une personne dont il n'avait jamais entendu parler, connaître ses passions, ses aptitudes, ses qualités et ses défauts. Naturellement, nous nous récriâmes, et nous nous montrâmes d'une incrédulité parfaite. C'était la première fois que nous entendions dire une semblable chose, et cela nous parut insensé. Mais M. Michon, avec son désir ardent d'étendre le cercle de ses connaissances, avait déjà fait des études avec l'abbé Flandrin. Dans un collége, outre les affreux griffonnages des élèves, il y a la correspondance, qui donne des spécimens d'écriture très-variés. M. Flandrin analysait les écritures des correspondants, et enseignait à M. Michon les signes types à l'aide desquels il reconnaissait certaines facultés intellectuelles et morales. Ces signes étaient assez restreints; mais l'abbé Flandrin, esprit logicien et intuitif, en allant du connu à l'inconnu, arrivait à tirer des conséquences presque toujours rigoureuses.

Après le bonheur d'apprendre, M. Michon n'en a jamais connu de plus grand que celui d'enseigner ce qu'il a appris. Il voulait avoir raison de notre incrédulité; et bon gré mal gré, — car je suis paresseuse, et je voyais là des difficultés insurmontables pour moi, — il me fallut prendre une leçon. Je me rassurai, en me rappelant qu'un an auparavant, M. Michon avait voulu m'apprendre l'algèbre, et que j'avais fait preuve d'une telle inintelligence, dès la première leçon, qu'il me dispensa des autres.

Je fus bientôt persuadée que cette science nouvelle aurait pour moi plus d'intérêt que l'algèbre. Mais la foi me manquait; et je commençai par me moquer d'un système qu'on ne m'avait pas développé. C'était stupide; mais c'est comme cela. M. Michon n'était pas homme à se déconcerter ni à se formaliser de mes railleries. Je voulus faire l'expérience de son savoir; je lui montrai plusieurs écritures. Il me fit distinguer les signes types donnés par l'abbé Flandrin : la sensibilité, la despotivité, la liaison d'idées, la facilité, la timidité, l'imagination, l'esprit d'ordre, l'avarice, la générosité, la vanité prétentieuse, la petitesse dans les idées, la simplicité. Ces signes furent le point de départ de M. Michon pour arriver à formuler la science. Il fallait découvrir les signes qui manquaient, les combiner ensemble, établir des groupes, des classifications, enfin, faire ce qui n'avait jamais été fait, une méthode scientifique basée sur l'expérimentation.

Mais, à cette époque, M. Michon n'avait encore que des notions incomplètes.

Il se trompa donc souvent sur les écritures que je lui présentai. Par un de ces contrastes qui se trouvent dans l'âme humaine, j'ai le cœur très-confiant. Je crois à la franchise, à la loyauté, à l'affection, à toutes les balançoires que l'on me débite. Pour tout cela, je suis crédule jusqu'à l'absurde, et cependant j'ai l'esprit douteur et porté vers les conclusions absolues. Les erreurs commises par M. Michon suffisaient pour me rendre incrédule à l'endroit de la nouvelle science pour laquelle il se passionnait avec cette ardeur juvénile que le temps n'a pas, ce me semble, beaucoup modifiée. Cependant, tout en me moquant de ses bévues graphologiques, je reconnaissais que, sur beaucoup de points, il était dans le vrai, et je me mis à faire des expériences. J'eus des succès. Ils auraient dû m'encourager. Mais j'ai l'*écriture descendante;* c'est celle des craintifs, des défiants d'eux-mêmes, des découragés. Pour eux, dix succès ne balancent pas un échec; et ils sont plus froissés par la critique d'un imbécile qui fait le connaisseur, que flattés du suffrage de vingt esprits sérieux.

Ce ne fut pourtant pas un échec qui me fit abandonner la graphologie, ce fut un trop grand succès.

J'étais allée voir une de mes parentes, Mme du H***, pensionnaire libre dans le couvent où j'ai été élevée. Je trouvai chez elle trois ou quatre religieuses que j'aimais beaucoup, et un abbé très-aimable. On me donna des écritures à analyser : je reconnus mes signes types, ce qui est la chose la plus facile, mais l'art de les combiner, d'en tirer des résultantes, d'expliquer les uns par les autres, je n'en savais pas le premier mot, et M. Michon pas davantage. Une de ces écritures attira mon attention : j'y reconnus de la générosité, de la facilité, de la sensibilité. Jusque-là, tout allait bien; mais j'ajoutai que cette écriture dénonçait de la petitesse dans le caractère, et des idées étroites. L'abbé partit d'un éclat de rire bien franc et bien naturel. Hélas! c'était son écriture. Et je ne m'étais pas trompée, c'était bien cela. Un esprit facile, un agréable conteur de ces petites anecdotes qui font le bonheur des religieuses et des pensionnaires, mais, pour des idées larges et élevées, non. C'était le terre-à-terre, la routine; il était enserré dans le petit cercle des idées qu'il avait reçues; et il se serait cru perdu s'il en avait trouvé une qui lui fût propre.

Je dois dire à sa louange qu'il n'eut pas la *petitesse d'esprit* de paraître blessé de mes appréciations sur son écriture. Il en plaisanta même avec beaucoup de grâce. Quant aux religieuses, sauf l'une d'elles dont le regard malin m'avait déjà dit : C'est bien cela, elles ne rirent que du bout des lèvres. Elles prenaient l'abbé B*** pour un génie. Ma science n'eut pas de succès ce jour-là.

Cette aventure me refroidit beaucoup, et comme je n'avais que très-rarement l'occasion d'étudier avec M. Michon, la graphologie alla rejoindre l'algèbre.

Près de trente années s'étaient écoulées depuis que M. Michon m'avait enseigné ce qu'il avait appris de M. Flandrin. Les belles, mais sérieuses années de notre jeunesse étaient passées. L'existence de M. Michon avait été absorbée par ses travaux, par ses voyages; nous nous étions très-peu rencontrés, encore moins écrit. Mais ni le temps ni l'absence n'avaient altéré une sympathie fondée sur l'estime, sur des rapports de caractère et d'opinions religieuses. Vivant très-éloignée dans une campagne, sur la frontière du Limousin, je me livrai à des travaux qui m'attirèrent à Paris. J'y retrouvai

M. Michon ; et il s'établit entre nous une bonne camaraderie littéraire que notre âge autorisait. Il faut bien que l'inconvénient de vieillir trouve quelques compensations.

L'écriture de M. Michon n'indique pas la raideur de caractère , la volonté impérieuse et forte , mais une très-grande ténacité dans l'idée. Quand il a conçu le plan d'une œuvre scientifique ou littéraire, il n'y renonce jamais ; et, tout en se livrant à d'autres travaux dans lesquels il semble concentrer toutes ses facultés et son ardeur incroyable, il ne perd pas de vue les projets conçus antérieurement. Ils arriveront à leur heure. Il ramasse ses documents, les entasse dans ses cartons, attend patiemment le moment favorable, et, quand ce moment arrive, il est prêt.

M. Michon, pendant plus de trente ans, ne reçut pas une lettre sans y chercher un enseignement ou la confirmation des anciennes découvertes. Il créait la science graphologique.

Une occasion se présenta de publier ces matériaux amassés avec tant de persévérance. M. Michon se hâta de la saisir.

Il rencontra un homme de lettres chez un de ses meilleurs amis, un savant dont le nom est européen, et qui est, à coup sûr, un des plus aimables causeurs de France. L'homme de lettres s'occupait beaucoup des révélations de l'écriture, et il voulait réunir tout cela en volume. Il cherchait, cherchait, tout prêt à compiler ce qu'il eût pu trouver. Mais rien.

Il venait de faire un voyage en Allemagne où un graphologiste s'était attiré une grande réputation. Cet homme, Adolf Henze, « publiait, dans la *Gazette illustrée* de Leipzig, des consultations sur l'écriture des gens. On lui écrivait quelques lignes, quelques mots parfois, et il publiait des réponses indiquant le caractère et les aptitudes des personnes. » Plus tard, de ces consultations et de quelques observations, il composa un gros volume où il mélangeait la chiromancie et la graphologie, et qu'il intitula *Chirogrammatomancie*.

L'homme de lettres était allé consulter Adolf Henze; mais celui-ci, après l'avoir reçu poliment, se garda bien de lui révéler un seul de ses secrets, et lui dit tout simplement : achetez mon livre.

Muni du livre, notre homme espérait y trouver la science qu'il cherchait depuis si longtemps. Hélas! la *Chirogrammatomancie* renfermait plus de mille exemples et quelques préceptes utiles; mais, d'une méthode, des règles de l'art, il n'en était point question.

Voici comment, lui-même, rend compte du travail de Henze :

« Son œuvre est trop incomplète pour un chercheur.
« Il répond à une chose qui semble être l'aptitude prin-
« cipale de la personne qui le consulte; mais *sa science*
« *ne semble pas aller plus loin*. Son livre *n'est autre*
« *chose* que la collection des réponses faites dans un
« journal... Chez nous, elles ne seraient pas sérieuses.
« Le bagage est léger, mais il s'y trouve parfois d'intel-
« ligentes remarques. »

Voici quelques spécimens des réponses de Henze sur les écritures qu'on lui soumet :

A une femme susceptible :

« *Noli me tangere*. Ne me touchez pas. »

A une personne qu'il juge être vive :

« Un lièvre ne se noie pas dans les marais. »

A une personne inconstante :

« Une plante souvent déplantée et qui pour cela ne
« réussit pas. »

On le voit, rien de cela ne révèle une science. Où

trouver une méthode? Soit que l'auteur allemand n'ait pas réellement de méthode et ne juge de l'écriture que par intuition, à la façon de George Sand, soit qu'il n'ait pas voulu publier son secret, si secret il y a, durant sa vie (1), pour ne pas nuire à la petite exploitation qu'il faisait de son art, toujours est-il que notre chercheur n'avait rien pu découvrir, quand il fit l'heureuse rencontre de M. Michon.

Celui-ci, avec la naïveté de tous les inventeurs, se mit amicalement à la disposition du personnage, et, pendant plus de deux mois, nous le vîmes chez nous venant prendre des leçons de graphologie, auxquelles j'assistais souvent, et que M. Michon lui donnait avec une grâce parfaite.

L'homme de lettres ne tarda pas à faire des ouvertures à M. Michon, et lui proposa d'éditer lui-même le travail qu'il reconnaissait être une invention remarquable. Il ne demandait qu'une chose, prendre sur le livre le titre de collaborateur. Il se chargeait de tous les frais d'impression, de publicité, etc. Ces frais étaient considérables. On calculait que, pour les autographes à graver seuls, il fallait six mille francs. M. Michon avait toujours reculé devant une publication aussi coûteuse.

Devant les offres avantageuses du Crésus littéraire, qui prétendait changer en or tout ce qu'il touchait, un traité fut conclu, et le livre que M. Michon alla composer à sa maison de campagne de Montausier, en Cha-

---

(1) Une lettre de Suisse, adressée à M. Michon, nous apprend que les consultations du graphologiste allemand ont pris fin dans la *Gazette de Leipzig*. Est-il mort? s'est-il retiré de la vie publique?

Son écriture dit un cerveau très-intuitif; il peut bien se faire qu'il n'ait eu aucune méthode et qu'il jugeât les écritures comme George Sand, uniquement par puissance de coup d'œil.

rente, fut livré à l'impression sous le titre de *Mystères de l'écriture* (1).

Malheureusement la triste année de 1870 arriva et amena nos désastres. L'impression du livre, confiée à l'une des grandes maisons de Paris, fut interrompue.

Après la Commune, l'homme de lettres se prétendit ruiné par la guerre et ne put se charger de l'œuvre. Elle fut vendue à un éditeur à des conditions qui ne rappelaient plus le Pactole que l'homme de lettres avait fait si longtemps briller aux yeux de M. Michon pour le séduire. Le livre parut enfin.

Mais pendant l'impression du gros volume, — cela va bien lentement même dans les meilleures imprimeries, — M. Michon donna, à la salle des Conférences du boulevard des Capucines, des conférences sur son système. Ces conférences, qui se sont continuées jusqu'à cette année, attirèrent un public intelligent.

Il alla plus loin. Convaincu que la publicité est tout, surtout pour une science nouvelle, il se mit à publier un journal, *la Graphologie*. Cette feuille parut avec l'année nouvelle de 1872, et a continué depuis.

(1) M. Michon ne mit sur le livre que son prénom de *Jean Hippolyte* à côte de celui de son collaborateur, qui avait écrit et signé l'*Avant-propos* du livre, l'ouvrage tout entier étant exclusivement de M. Michon. On a fait souvent à M. Michon cette objection, qui ne manque pas de piquant, et que mon impartialité m'oblige de reproduire : Si la graphologie apprend si bien à connaître les hommes, pourquoi a-t-il consenti à prendre pour collaborateur son homme de lettres, dont il a eu si peu à se louer dans ses rapports littéraires?

Réponse très-nette. M. Michon connaissait très-bien son personnage par son écriture. Il m'écrivait : « Mon collaborateur est un égoïste, un pingre et un mauvais coucheur ; je n'aurai que des désagréments avec lui. Mais il m'offre des facilités que je n'aurais pas autrement pour publier mon livre. Cela me fait passer par-dessus les ennuis qu'il me donnera. »

Il faut reconnaître que c'est à cette publication et aux conférences qu'est dû le succès obtenu en Europe par la science nouvelle. M. Michon, avec sa grande habitude de la parole, ne se contenta pas des conférences de Paris; il alla en Belgique, en Suisse, dans les grandes villes du Midi, où il eut un éclatant succès.

IX. — TRAVAUX DE LA GRAPHOLOGIE.

Les nombreux portraits graphologiques écrits par M. Michon sont une preuve irréfutable de la valeur du système. Ces portraits, répandus aujourd'hui par centaines en France et à l'étranger, s'ils n'eussent été qu'un produit de pure conjecture, une série de banalités arrangées avec plus ou moins d'élégance, et pouvant s'adapter au hasard à un grand nombre de personnalités ayant à peu près les mêmes qualités et les mêmes défauts, n'eussent pas tardé à être reconnus pure affaire de charlatanisme, et rélégués avec les œuvres similaires des charlatans, comme chose absolument indigne de toute attention et de toute confiance. Et la fraude à découvrir eût été facile. M. Michon n'est jamais dans les généralités. Il spécifie, il précise les choses. Il analyse, il désigne. Par exemple, sur votre volonté, il vous dira ce que vous avez de *résolution*, de *force de détermination*, d'*obstination*, de *vivacité*, d'*emportement*, de *persistance*, de *ténacité*, *de despotivité*.

Qu'on juge de l'effet produit sur des centaines de lecteurs lorsque, à ce tableau : « Vous êtes fortement résolu, homme de détermination puissante, très-obstiné, vif, vif même jusqu'à l'emportement, très-persistant, très-tenace, très-despote; vous êtes un grand volontaire », il arriverait qu'on serait forcé de répondre : « Hélas! Monsieur, je suis tout l'inverse de ce que vous avez dit. Je suis irrésolu, me déterminant difficilement, presque mou, sans ténacité aucune, et me laissant mener par tout le monde comme un enfant! » Et réciproquement, M. Michon ayant dit : « Vous êtes de volonté faible, molle, de peu d'énergie, peu obstinée, peu dure, peu persistante, » si on pouvait lui répondre : « L'homme dont vous faites un mouton est un tigre, c'est un violent de première force, un énergique fulgurant, un persistant que rien n'arrête quand il a un but à atteindre, » quel coup terrible sur la tête de la pauvre graphologie !

On le voit, les ruses habituelles du charlatanisme ne peuvent plus être de mise ici. C'est là incontestablement la force d'une méthode reposant sur des principes, sur des lois découvertes, sur une longue et sévère expérimentation. Nous pouvons dire que c'est l'application de cette sévère méthode qui a fait l'éclatant succès de la science nouvelle. Depuis plusieurs années que la correspondance du journal de la *Graphologie* passe sous mes yeux, je n'ai rencontré que deux lettres avec ces mots terribles : « Monsieur, vous vous êtes trompé sur la personne dont je vous ai envoyé l'écriture, le portrait n'est pas exact. » Et, après une explication et une démonstration du système sur son écriture personnelle, un des censeurs, — c'était une femme, qui avait autant d'esprit que de bonne foi, — est devenue une des plus fidèles adeptes de la graphologie. Sur plus d'un millier de lettres, huit ou dix, tout au plus, signalent quelques erreurs de détail. Sont-ce bien des erreurs? J'en doute. Mais enfin, comme l'infaillibilité n'appartient qu'à Dieu seul, je n'admets pas que la Graphologie puisse dire : Je suis infaillible. Elle pourrait affirmer, cependant, qu'il s'en faut de bien peu. Dans les commencements, en raison de mon écriture descendante, je redoutais toujours de trouver dans les réponses aux diagnostiques donnés, sinon une négation de la science, du moins une critique bien ou mal fondée. Si les lettres commençaient ainsi : « Monsieur, je dois vous dire sincèrement..., » je n'osais pas aller plus loin ; ce début me faisait déjà peur. Et quand je me décidais à continuer, je lisais : « ..... que votre diagnostique sur mon caractère est tout à fait exact et qu'il a été reconnu pour tel par tous ceux auxquels je l'ai montré. » Je prends, au hasard, dans les dernières lettres reçues.

Première lettre : « Mon portrait est trouvé parfaite-« ment vrai par ceux qui m'entourent..... Je me trouve « telle que vous me dépeignez, et sous certains rapports « même, vous m'avez fait me mieux connaître. »

Deuxième lettre : « Toutes les personnes qui me con-« naissent ont été frappées de ce que, avec quelques « lignes seulement, vous ayez si bien trouvé et désigné « mon caractère. Mon mari, et mes enfants surtout, « sont d'autant plus surpris, qu'ils ont trouvé le por-« trait parfait et qu'ils n'avaient aucune confiance dans « votre science. »

Vraiment quand, depuis plus de cinq ans (1), il vous arrive sans cesse de semblables suffrages, on a le droit de dire que la science que l'on donne au public est une science sérieuse.

Mais, dans ces lettres, il y a eu souvent autre chose que des actes de foi à la science graphologique. M. Michon y a trouvé des sympathies chaudement exprimées ; et il a, à présent, un bon nombre d'amis inconnus auxquels il serait heureux de pouvoir un jour serrer la main. Entre autres lettres de ce genre, il en est une qui lui est arrivée de Barcelone. J'ai été vraiment émue

---

(1) Ceci était écrit en 1876.

2*

en la lisant. C'était un ami qui épanchait son cœur dans celui d'un ami. Aussi, l'écriture de don Sébastien dit : « *Un corazon muy sensible, muy noble y muy generoso.* »

Les conférences données par M. Michon à Paris, à Orléans, dans les Deux-Charentes, à Bordeaux, à Agen, à Lyon, dans tout le Midi, en Suisse, en Belgique, etc., etc., etc., ont aussi puissamment aidé à la propagation de la science graphologique.

Tous ceux qui ont entendu M. Michon savent combien sa parole est sympathique. Et comme on sent qu'elle exprime une conviction sincère, les plus incrédules sont entraînés par cette parole, à la fois si simple et si brillante, avant même d'être tout à fait convaincus. Mais lorsqu'à la fin de la conférence vient l'épreuve des billets, — envoyés de tous les points de la salle, — analysés d'après les règles de la science, les plus récalcitrants s'avouent vaincus. La graphologie voit augmenter le nombre de ses adeptes, et le maître, celui de ses amis.

• Une preuve encore de la certitude de la science graphologique est celle-ci :

Nous recevons beaucoup de lettres d'abonnés qui nous disent : « Nous appliquons votre système, et nous sommes vraiment surpris des résultats que nous obtenons. Nous faisons des diagnostiques que l'on reconnaît comme très-exacts. »

Et, à ce sujet, je vais raconter ce qui m'est arrivé il y a à peu près dix-huit mois. Un monsieur vint pour un abonnement au journal de la *Graphologie*, et surtout pour voir M. Michon ; mais celui-ci était alors en Belgique. Nous causâmes graphologie ; et ce monsieur me parla d'un diagnostique de son caractère, fait par un de ses amis, M. A...., de Reims, un des premiers disciples de la science nouvelle. Ce diagnostique était fort bien rédigé : M. A.... est un esprit très-lucide et très-intelligent. Je demandai à ce visiteur s'il reconnaissait l'exactitude de ce diagnostique, il me répondit oui. « Alors, lui dis-je, vous devez écrire de telle manière. Votre écriture, n'est pas très-inclinée, vos liaisons doivent être très-longues et vos mots très-espacés, etc., etc. » Il fut très-surpris et me répondit que telle, en effet, était son écriture.

Je ne raconte pas cela pour faire savoir à mes lecteurs que j'ai quelques connaissances en graphologie, mais pour leur donner une preuve, selon moi indiscutable, que la science graphologique n'est pas une affaire de pure intuition ou de conjecture, puisqu'on peut connaître le caractère d'après l'écriture, et l'écriture d'après le caractère, mais qu'elle est établie sur des signes bien distincts les uns des autres, et que tout le monde peut apprendre en très-peu de temps. M. Alexandre Dumas fils écrivait à un ami : « J'ai vu M. Michon, il m'a initié en quelques heures à la science graphologique. »

Tout le monde n'a pas l'incroyable facilité de M. Alexandre Dumas fils, ni surtout sa merveilleuse intuition, qui lui fait saisir instantanément les rapports des signes entre eux et leurs combinaisons multiples. C'est là la difficulté. Elle a été vaincue par un très-grand nombre de nos disciples.

X.—APPLICATIONS IMPORTANTES DE LA GRAPHOLOGIE (1).

Une semblable découverte devait avoir de précieuses applications. L'on sait combien sont faibles les exper-

---

(1) Ce chapitre est ajouté à la seconde édition faite par Émilie de Vars, en 1877.

tises sur les écritures présentées devant les tribunaux par les experts-jurés en écriture. Cela est si connu que les jurisconsultes qui ont écrit sur ces matières se sont crus obligés de prévenir les magistrats contre ces expertises, en raison du peu de base sur laquelle elles reposent.

La graphologie est venue, et elle est venue poser une loi nouvelle.

Tout testament, toute écriture commerciale attribués à un individu doit contenir les éléments intimes, personnels, complétement *idiotiques,* c'est-à-dire familiers à lui seul, que donnent les échantillons de son écriture authentique, naturelle, non déguisée. Si l'être intime que donne l'écriture habituelle ne se retrouve plus dans le testament, le billet, etc., incriminés, ces pièces sont l'œuvre d'un faussaire.

Par contre, si l'écriture d'un testament, d'un billet, etc., contient les éléments dominants intimes personnels, idiotiques, de celui que l'on croit avoir raison de supposer avoir fabriqué lesdites pièces, les pièces sont l'œuvre de ce faussaire et nullement de la personne à laquelle elles sont attribuées.

Voilà une loi, un procédé, une méthode scientifique.

Aussi, dans les testaments et autres écrits attaqués en justice, il n'y a plus maintenant d'expertise sérieuse qui puisse être faite en dehors de l'application de ce principe de la science nouvelle.

M. Michon prend l'écriture naturelle du testateur supposé, il fait, sur une colonne, les lettres de l'alphabet familières à ce testateur; il fait sur une seconde colonne l'alphabet de l'écriture du testament incriminé; il fait sur une troisième colonne l'alphabet de l'écriture de celui qui est véhémentement soupçonné d'être le faussaire.

Si rien de l'écriture personnelle familière, intime du testateur présumé ne se trouve dans le testament, si toutes les façons spéciales, idiotiques de l'écriture du faussaire soupçonné se trouvent dans ce testament, le testament est l'œuvre de ce faussaire et nullement du testateur dont le nom se trouve au bas de la pièce (1).

Cette méthode précieuse, sûre, scientifique, s'applique aux faux billets, aux lettres anonymes, aux procurations, etc.

XI. — LIVRES CLASSIQUES DE LA GRAPHOLOGIE.

Les livres classiques qui contiennent la théorie et la méthode de graphologie sont :

1° Le *Système de Graphologie,* par J.-H. Michon, 1 vol. in-18 jésus, arrivé à sa 5e édition. Ce volume contient le système complet de la graphologie philosophique, c'est-à-dire les principes psychologiques sur

---

(1) Plusieurs expertises graphologiques ont été faites par M. Michon. L'une de celles qui ont été le plus remarquées est celle du testament de Ve Bonniol, d'Aniane (Hérault). Ce testament avait été déclaré par trois experts de Montpellier parfaitement authentique. Le tribunal de Montpellier, acceptant les données de la science nouvelle apportées aux débats par M. Michon dans trois mémoires successifs, a cassé ce testament comme l'œuvre d'un faussaire. La cause a été portée en appel. Trois experts de Paris de haute volées dont un est officier d'Académie et attaché au cabinet du ministre de l'instruction publique, ont eu le courage de patronner l'œuvre de ce faussaire et de soutenir que le testament était bien l'œuvre de la dame Bonniol. Sur de nouvelles démonstrations graphologique, fournies par M. Michon, la cour d'appel de Montpellier a jugé comme le tribunal civil, et a déclaré le testament l'œuvre d'un faussaire. Il s'agissait de 1,100,000 francs. Le *Figaro* rendant compte de l'affaire dont tous les journaux ont parlé, terminait en disant : « Cette famille doit un beau cierge à M. Michon. »

lesquels repose le système, l'anatomie graphique, la physiologie graphique et la classification graphologique donnant les familles des signes graphiques.

2° La *Méthode pratique de graphologie, pour faire suite au Système de Graphologie* par le même, 1 vol. in-18 jésus.

Ce volume donne tous les procédés usuels, ce qu'on appelle dans les ateliers des artistes *les ficelles de l'art* pour l'application pratique du système. Ces deux volumes sont les livres de l'enseignement de la graphologie et se somplètent l'un par l'autre.

3° *La Graphologie,* feuille périodique paraissant le 1ᵉʳ et le 15 de chaque mois, formant un beau volume grand in-4° par an, et contenant l'application en grand du système sur l'écriture des célébrités contemporaines. On voit là comment l'auteur du système s'y prend pour saisir une âme par son procédé d'anatomie graphique et en faire la photographie intime. Il y a sept années formant sept volumes. Il ne reste qu'un bien petit nombre de cette riche collection qui ne sera jamais réimprimée et qui aide puissamment à devenir fort en Graphologie (1).

On a rendu à M. Michon cette justice, qu'en analysant l'écriture des célébrités du monde politique, il s'est toujours montré impartial ; il n'a vu que l'écriture à analyser et rien de plus. La science ne doit jamais se mettre au service des partis, sous peine de descendre. Un de nos députés, M. R. de la S....., me disait, il y a quelques mois, qu'il avait surtout apprécié, dans le journal, le tact avec lequel M. Michon se dégageait, dans ses

---

(1) Les volumes de la collection pris séparément se vendent 10 fr., la collection des sept années 50 fr. Au bureau de *la Graphologie,* 5, rue de Martignac, Paris.

jugements, de toute prévention politique ; et il me disait cela au sujet de l'étude sur l'écriture du maréchal Bazaine, étude qu'il regardait comme un chef-d'œuvre.

Je termine ici l'histoire de la graphologie. Nous la croyons appelée à un brillant avenir ; et pour cela M. Michon compte sur le concours des amis de la science nouvelle (1). Il voudrait que tous devinssent des adeptes et des propagateurs d'une science éminemment utile, puisqu'elle nous conduit à une connaissance plus parfaite du cœur humain, et surtout du nôtre. Il est facile de faire son examen de conscience sur son écriture ; et celui-là ne trompe jamais.

NOTE SUPPLÉMENTAIRE

APPLICATION DE LA GRAPHOLOGIE AUX NOTABILITÉS DE LA FRANCE CONTEMPORAINE.

M. Michon fait en ce moment une très-belle application de son système sur l'écriture de toutes les notabilités contemporaines de la France, dans un *Dictionnaire* dont voici le programme.

---

(1) Depuis la publication du livre d'Émilie de Vars, les disciples de la graphologie forment une société scientifique qui comprend tous les graphologistes français et étrangers et tous ceux qui portent intérêt à la science nouvelle ou travaillent à sa propagation. Elle a pris le titre de *Société de Graphologie*. Elle admet les dames parmi ses membres. Son premier congrès se tiendra en 1879, dans la belle saison, au château de Montausier, près de Baignes (Charente), résidence d'été de M. Michon.

APPLICATION DE LA SCIENCE GRAPHOLOGIQUE

L'HOMME PHOTOGRAPHIÉ PAR SON ÉCRITURE

BIOGRAPHIE INTELLECTUELLE ET MORALE DES CONTEMPORAINS VIVANTS

DICTIONNAIRE

DES

NOTABILITÉS DE LA FRANCE

DANS L'ADMINISTRATION, L'ARMÉE,

L'ART, LE BARREAU, LE CLERGÉ, LE COMMERCE, LA FINANCE, L'INDUSTRIE,

LA LITTÉRATURE, LA MAGISTRATURE, LA MARINE, LA MÉDECINE,

LA POLITIQUE ET LA SCIENCE

JUGÉES SUR LEUR ÉCRITURE

Dans leurs facultés, leurs instincts, leur nature, leur esprit,
leurs aptitudes, leurs goûts et leurs passions.

CONTENANT

LA STATISTIQUE GÉNÉRALE ET DES STATISTIQUES DÉTAILLÉES, PAR CATÉGORIES,
DE L'ÉTAT INTELLECTUEL ET MORAL DE LA FRANCE CONTEMPORAINE

Et précédé d'un *Abrégé du Système de Graphologie,*
d'un *Précis de l'Histoire de la Graphologie* et d'une *Etude sur l'écriture
des Français depuis l'époque mérovingienne,*
*Dans ses rapports avec le génie, le caractère et les mœurs
de la nation française.*

Avec un spécimen de l'écriture et de la signature des Notabilités

Dont on donne le portrait intellectuel et moral, et l'indication des signes
sur lesquels repose chaque jugement porté,

FORMANT LA COLLECTION LA PLUS NOMBREUSE, LA PLUS VARIÉE D'AUTOGRAPHES
DES CÉLÉBRITÉS CONTEMPORAINES QU'ON AIT FAITE JUSQU'A CE JOUR

PAR

Jean-Hippolyte MICHON

Membre de la Société française de Numismatique et d'Archéologie,
de la Société d'Ethnographie, de l'Académie des Sciences et Belles-Lettres de Bordeaux,
et de plusieurs autres Sociétés savantes.

Conditions de la souscription.

Deux volumes, format des dictionnaires de Besche-relle, de Littré et de Larousse. Très-beau papier, belle impression, sortant de l'une des premières imprimeries de France.

Souscription par livraisons, à 50 *centimes* la livraison. L'ouvrage formera 120 à 130 livraisons. MM. les souscripteurs par livraisons sont priés de n'envoyer le montant des livraisons que lorsqu'ils auront reçu 4 ou 6 livraisons.

L'ouvrage paraîtra dans l'espace de cinq ans ; ce sera environ 12 *francs* par année.

Souscription à forfait, payable 20 *francs* en souscrivant, 20 *francs* après la réception du premier volume. C'est une remise du tiers du prix de l'ouvrage.

Un grand nombre de livraisons ont déjà paru.

Écrire à M. Michon, au bureau du journal de *la Graphologie*, 5 rue de Martignac, faubourg Saint-Germain, Paris.

Tous les souscripteurs à ce *Dictionnaire, dans l'année* 1879, recevront une belle photographie de l'auteur, destinée à orner le frontispice du 1er volume.

Le *Dictionnaire des Notabilités de la France jugées sur leur écriture* est une œuvre d'un genre complétement nouveau, et est appelée à rejeter parmi les vieilleries ces recueils de biographies qui, de l'aveu de tous, fourmillent d'erreurs, même les plus récents. Si les renseignements qu'ils contiennent sont dus à des ennemis, ils sont d'un dénigrement déplorable; s'ils sont dictés par des complaisants, ce sont de véritables panégyriques; et jamais l'homme réel, l'homme intime, avec ses facultés vraies, ses instincts, sa nature, ses passions, n'est mis à nu.

Le *Dictionnaire des Notabilités de la France* est un travail de science pure. Le graphologiste voit uniquement des hommes et les juge en dehors de tout parti, de toute situation sociale. Ses nombreux amis, dans le monde savant et littéraire, n'ont pas une phrase élogieuse qui ne leur serait pas due, pas plus que ses ennemis, s'il en avait, n'auraient à craindre un coup de plume acéré qui serait une injustice. *Nulle complaisance, nul dénigrement.*

Le plan du dictionnaire est d'une grande simplicité. L'auteur met d'abord sous les yeux l'écriture du personnage dont il va esquisser le portrait. Un article de biographie donne les renseignements indispensables sur sa vie extérieure et publique.

Il faut que l'inventeur d'une méthode soit bien sûr de la précision rigoureuse de son procédé pour avoir la hardiesse de photographier dans leur vie psychique la plus secrète, plus de deux mille célébrités vivantes, dont la personnalité lui est généralement inconnue au point de vue intime, intellectuel et moral, et dont souvent il ne sait que le nom et la situation officielle, ce qui n'apprend rien sur le caractère réel d'un personnage.

M. Michon a eu cette hardiesse ; et les premières livraisons parues de ce grand dictionnaire ont prouvé qu'il n'a pas trop présumé de ses forces, et que le livre répond bien à son programme.

Ce sera là une collection précieuse d'autographes, puisque chacun d'eux est accompagné de sa signification intellectuelle et morale. C'est une méthode toute nouvelle et fort piquante de faire l'histoire contemporaine.

APPLICATION DE LA GRAPHOLOGIE A L'HISTOIRE

C'est un point de vue nouveau dans l'étude de l'histoire, que de chercher l'intime de tout homme qui a joué un rôle dans le passé, au moyen de son écriture. L'*Étude sur l'écriture des Français depuis l'époque mérovingienne, dans ses rapports avec le génie, le caractère et les mœurs de la nation française,* publiée au commencement du *Dictionnaire des notabilités de la France*, est un trait de lumière qui montre, à chaque grande époque, à chaque grande crise dans l'histoire de la nation, les changements qui s'opèrent dans l'écriture, changements qui rendent le nouvel état intellectuel, artistique, moral.

M. Michon a appliqué cette méthode à l'écriture si étrange de Napoléon Ier, et a publié un volume intitulé : HISTOIRE DE NAPOLÉON Ier D'APRÈS SON ÉCRITURE, où l'on voit tous les changements que subit cette écriture, lesquels se rapportent aux diverses situations intellectuelles et morales de son étonnante carrière. Ce volume (un bel in-18 jésus, très-belle édition sur très-beau papier) se trouve au bureau de la Graphologie, 5, rue de Martignac ; chez Dentu, éditeur, au Palais-Royal ; chez Lecuir, librairie moderne, 17, boulevard Montmartre.

Prix, *franco* par la poste, en s'adressant à M. Michon, 5, rue de Martignac : 3 francs.

LEÇONS DE GRAPHOLOGIE.

L'expérience a appris que des leçons enseignent plus rapidement une science que l'étude des livres, même les mieux écrits au point de vue classique. M. Michon donne des leçons de graphologie à son bureau de la rue de Martignac, n° 5.

Il donne aussi des leçons par correspondance, pour la province et pour l'étranger. Il envoie à ses disciples des autographes, avec l'indication de l'étude à faire sur les signes graphiques qui y sont contenus. Quand le travail est fait, on le renvoie à M. Michon, et il indique les erreurs qui ont été commises. On parvient rapidement à la connaissance de la graphologie, les deux livres classiques de M. Michon, le Système de Graphologie *et la* Méthode pratique de Graphologie, *étant de véritables grammaires, d'une grande clarté, et dégagées du fatras pédantesque dont on charge d'ordinaire les livres classiques. (10 francs la leçon.)*

IMPRIMERIE PAUL BOUSEREZ, RUE DE LUCÉ, 5, A TOURS.

9 782329 690575